典型在夙昔

——追懷中央研究院六位

已故院長（上）

陶英惠 著

前言

　　我在大學三年級時，修姚從吾教授的史學方法論，他在課堂上經常介紹全國最高的學術殿堂——中央研究院，以及院中的著名學者，並鼓勵我們多聽名人演講。1958年4月，姚老師當選了中研院第二屆院士，這是政府遷台後首次選舉院士，班上的同學們特別為他高興，向他慶賀。同年12月，我和同班的劉鳳翰兄，自台大騎自行車到南港中研院的史語所看書，蒐集論文資料。那時就不禁默想：將來如果有機會到中研院工作，該是一件多麼美好的事！後來果真如願以償！自1964年7月進到近代史研究所，於2000年2月屆齡退休，不知不覺在這象牙塔裡待了三十多年。

　　我在近史所，初為約聘人員，補實後，由助理員按部就班的升至研究員，可以說十分幸運！因為選定以首任院長蔡元培先生以及與其相關之近代教育、學術等問題作為研究範圍，所以對中研院早期的歷史特別留意，因而被第五任院長錢思亮調兼總辦事處秘書組主任，從事案牘勞形的工作。1983年9月，錢院長不幸病逝，接任的第六任院長吳大猷又囑繼續「相助為理」，直到1988年5月方因故擺脫。回到近史所後，張玉法所長命

兼理院史室業務，所庋藏者主要為第二任院長朱家驊之檔案。旋又囑編印第四任院長王世杰之日記。1993年8月，奉胡適紀念館管理委員會主任委員呂實強之命，兼第三任院長胡適的紀念館主任。由於這種種機緣，對於已經故世六位院長的生平事蹟，基於工作上的需要，都曾粗淺的涉獵過，並先後為文加以介紹。

承《世紀映像》叢書總編輯蔡登山先生抬愛，囑將所寫有關這六位院長的文字，加以整理出版。對一個史學工作者而言，除深富紀念意義外，有機會將過去陸陸續續所寫不成體系的文字，趁機會作一番修改、增補，結集出版，使不致散失，自然是求之不得、而且非常期待的事。對於蔡先生之雅意、秀威公司同仁的辛勞，由衷的感激！本書稿件，由長媳施宜萱在工作之餘代為輸入電腦，建立電子檔，使我在修訂時得到很多便利，也要特別謝謝她的辛苦和孝心！

在這六位院長中，我曾親接謦欬者有兩位，一為錢思亮，一為吳大猷。俗語說僕人眼中無偉人，我也不想將他們神化，只是忠實的紀錄其真實的一面，為歷史作些見證，相信更會獲得世人的尊敬！

錢院長與高化臣總幹事，對於處理行政工作，都經驗豐富，並且認真負責，惟稍嫌過於持重。吳院長富於理想，每有新的構想，即劍及履及去做，完全不顧法令及程序；他與韓忠謨兼代總幹事有一共同的特點，就是都缺乏處理公務的耐心，行政經驗也少了些！我在錢、高時學到處理公務的一點皮毛，到了吳、韓主持院務時，倒成了蜀中無大將的廖化！至今回想起來，仍覺得有些不可思議！

我生性魯鈍，處理事情，向來無法一心二用，既忙於行政工作，就無法再兼顧研究；而且在習慣上，對於別人的事，總是優先處理，

最後才輪到做自己的。可是別人的事永遠沒個完,所以自己的事就老擱著!三十年來,研究成績所以乏善可陳,可以自我解嘲的說,與此個性不無關係。但在所、在院所做服務性工作之多,則非一般同仁所能比,未嘗不也是一種貢獻!

1985年1月3日,在朋友的晚宴中,與前中央日報副刊總編輯孫如陵(仲父)先生同席,孫先生妙語如珠,經介紹知道我正兼秘書主任後,謂主秘係「承上啟下」,要做到「推行」(推給別人去做)才行。我自愧做不到這一點。在總辦事處期間,我也曾做了一些不盡符合自己原則的事,深知那是要善盡幕僚職責,為院解決問題,不得不爾;堅持己見容或不能解決問題,但在忍無可忍時,也只有拂袖而去!

2006年1月4日,數理組項武忠院士在《聯合報》民意論壇發表〈中研院要恢復傳統獨立精神〉一文中說:

> 「自首任院長蔡元培先生篳路藍縷創院以來,一直維持獨立研究精神,為中華民族保持了學術尊嚴。即使遷台重建,威權政治壓力之下,也並未為取得更多經費而折損獨立研究的學風。朱家驊、王世杰既未因他們個人政治背景而妥協,胡適、錢思亮、吳大猷更維護南港為一片學術淨土。」

他對這六位院長所下的評語,深獲我心!他們各有各的風格及風骨,都值得後人永遠懷念和尊敬!最後離開人間的吳大猷院長,至今也七年多了,不禁想到文天祥〈正氣歌〉中的:「哲人日已遠,典型在夙昔。」即假「典型在夙昔」作為本書的書名,藉表仰慕、懷念之意!

陶英惠　2007年6月30日於南港

典型在夙昔

目錄

蔡元培傳（一八六八～一九四〇）

蔡元培（1868～1940），是一位在多方面有所貢獻的人物。他的一生，幾皆與教育、學術、文化事業有關。在清末民初，他曾兩度遊學歐洲，埋頭學習，以擷取新知，前後長達八年之久，多半是在德、法兩國。他曾親灸歐洲文藝復興後的科學精神以及法國大革命後的思想潮流，又曾置身於歐洲空前的大戰之中，留有透澈的觀察；使他對德、法兩國的思想、文化、宗教、道德、教育精神及教育制度等，有極為深刻的認識。這對他以後主持全國教育行政、整頓北京大學，以及領導中央研究院，都有很大的助益和影響。

一、家世

蔡元培，字鶴卿，號孑廎，又字仲申、民友、孑民，並曾化名蔡振、周子餘，浙江省紹興府山陰縣（今紹興縣）人，清同治六年

蔡元培院長
（任期：1928年4月～1940年3月）

十二月十七日（1868年1月11日）生於紹興城內。他的先世，在明朝末年由諸暨遷到山陰，從高祖開始全家都是經商的，只有他六叔銘恩（茗珊）讀書，以廩膳生鄉試中式。元培在他叔父的幫助和指導下，讀了許多中國經史典籍，如：四書、五經、史記、漢書、文史通義和說文等。所以他雖生為商家子，但終於走到讀書的路上去，從而決定了他以後發展的方向。

人的性格泰半來自早年家庭的影響。元培的父親寶煜（又名光普，字耀山）為人長厚，慷慨好施，據說在任錢莊經理時，因獲利甚厚而加倍發放年終獎金，為東家不滿，責令賠償，遂於光緒三年（1877）鬱悒以歿。當時元培僅11歲，兄弟孤苦無依，又沒有積蓄，幸賴母親周太夫人典質衣飾，克勤克儉，撫養成人；並時時勉勵他「自立」、「不依賴」。在雙親的潛移默化下，他不僅養成了自奉甚儉的習慣，而且惻隱為懷，經常周濟寒士；這種寬厚的天性，是遺傳自父親；至於不苟取、不妄

言的態度，則得自母教。

元培兄弟四人，長兄元鈖（鍵清、鍵廎），長他兩歲，曾在上海崇實石印局任職。三弟元堅（鏡清、鏡廎），少元培兩歲，曾在紹興縣錢莊業中任職。四弟早殤。有兩姊，均未出閣，在二十歲左右病故。有一幼妹，亦早殤。

在婚姻方面，元培一生凡三娶，光緒十五年（1889）三月，與元配王昭（仲明）女士結婚。二十六年（1900），王夫人病逝，翌年續娶黃世振（仲玉）女士。民國十年（1921）1月，黃夫人病逝，於1923年7月續娶周峻（養浩）女士。周夫人於1975年8月病逝。

元培共有五子：阿根、無忌、柏齡、懷新、英多；二女：威廉、睟盎。註1

二、舊學時代

元培在少年本有才子之稱，蔣夢麟說他：「酒量如海，才氣磅礴。論到讀書，一目十行；講起作文、斗酒百篇。」註2所以能在十七歲（1883）即補縣學生，然後博覽羣書，學問大進。二十三、四歲（1889、1890）鄉會試連捷，二十六歲（1892）成進士，獲授翰林院庶吉士，二十八歲（1894）升補編修。在考場上一帆風順；在舊學方面，也奠下了深厚的根柢。

在這以前，儘管中國外有西方勢力的入侵，內有太平軍、捻、回及苗等翻天覆地的大動亂，但元培所走的仍然是那時讀書人的老路子，十年寒窗，以求取功名。但就在他28歲這年，爆發了中日甲午戰

爭。國人自夢中覺醒，一時維新圖強的呼聲高唱入雲。從這時起，他的思想，便隨著有了顯著的轉變，開始涉獵譯自外國文之書報刊物，並留意世界事物，又學習日文，以間接吸取世界新知。

三、委身教育與運動革命

戊戌政變（1898）發生後，元培認為康、梁之所以失敗，是由於不先培養革新人才。同時，他也看清楚了滿清政府的腐敗，革命的不可避免；於是棄官歸里，興辦教育。於此，可見他從事教育工作的動機所在。

他最先出任紹興中西學堂監督，校中的功課，有我國舊學，也有粗淺的西洋學科。這是他服務於新式學堂的開始。當時教員中有新舊兩派，他與杜亞泉等提倡新思想，時與舊派辯論，舊派運動堂董出面干涉，於是憤而辭職。光緒二十七年（1901），在上海擔任南洋公學特班總教習，鼓勵學生自由閱讀，並於批改課業的評語中，提倡民權之說。

當元培任中西學堂監督時，夫人王氏因產後失調病故，作媒的人很多，他提出續弦的條件是：不纏足、識字、男子不娶妾、男死可再嫁、夫婦不合可離婚。他所提出這些驚世駭俗的條件，乃是基於尊重女權。緣中國向來男尊女卑的成見，有從夫從子之禮，男子不禁再娶，而寡婦以再嫁為恥。他認為男女的不平等，是由於男女對社會所盡的義務不同：要想使其平等，首先應該使他們在社會上所盡的義務相等。也就是社會上各種職業，男女應同時參加。要達到這一點，非

從教育著手不可，所以他時刻朝這一方面努力。當在南洋公學任教時，就已傾向於民權、女權的提倡，又於光緒二十七年（1901）冬，在上海與蔣智由、黃宗仰、陳範、林白水等發起愛國女校，由蔣智由管理；後來蔣去日本，由元培管理。

光緒二十八年（1902）三月，與葉瀚、鍾觀光等組織中國教育會。名為編訂教科書，以改良教育，實為東南各省重要革命機關之一，元培被推為首任會長。10月，南洋公學發生風潮，助退學生組織愛國學社，聘吳敬恒、章炳麟為教員，師生公言革命無忌。又與「蘇報」訂約，每日由學社教員撰論說一篇，「蘇報」遂成為學社的機關報。

光緒二十九年（1903）正月，又與吳敬恒等發起張園演說會，發表排滿革命言論。由於言論日趨激烈，革命的旗幟越來越鮮明，到了五月初，清政府乃有查拿新黨的風說，元培也在黑名單之列。而教育會與學社內部，又為了主屬問題發生爭執，他對於此次內鬨，甚為氣憤，乃於五月二十日赴青島學習德語，作留學德國的準備。至閏五月初五日，遂發生了有名的「蘇報案」，上海的革命運動，受一嚴重打擊。

七月，元培自青島回上海，創辦「俄事警聞」日報，以喚起國民對俄國佔領東北的注意，不直接談革命，常譯述俄國虛無黨歷史間接鼓吹。光緒三十年（1904）正月，將「俄事警聞」改為「警鐘日報」。是年秋，與龔寶銓、陶成章等在上海成立光復會，蔡元培被推為會長，秘密結納各地會黨，預備進行暗殺與暴動。光緒三十一年（1905）七月，孫中山先生在東京成立同盟會；九月，元培由何海樵介紹加入，並被推為上海分會會長。

從戊戌政變到同盟會成立這段時間，元培毅然放棄了十年寒窗、夢寐以求的翰林頭銜，以及很好的出路，回到紹興和上海，藉著教育工作來宣傳革命，凡是與革命有關的組織，他無不參加活動，或為主要發起人，或擔負重要責任，然後與國民革命匯合。這些國內革命伏流，不僅直接間接促進了同盟會的組織，也為辛亥革命建立了一個不拔的根基。

清末，知識份子參加革命行列的很多，但其中具有傳統功名者，所佔比例甚小；而以翰林高官獻身革命者尤少，元培是其中之一。他之所以參加革命，實導源於其愛國心與自由思想；而環境對他的影響，也不容忽視。他生長在浙東，凡明清之際如黃梨洲、張蒼水、全謝山諸大儒的民族思想，他都潛接而默識之。嚴復譯天演論的時候，常說「尊民叛君，尊今叛古」的話，「物競」、「爭存」，更成為當時的口頭禪。梁啟超的高唱「破壞」，譚嗣同的「衝決網羅」，以及俞正燮「認識人權」、「認識時代」等見解，在在都深印在他的腦海裏。同時他又吸收了十九世紀民主自由的新思想，醞釀激盪，自不會再為忠君的舊觀念所束縛。

但他對革命的主張是中庸的。例如在主持蘇報期間，他雖然從事推翻滿清政權的工作，可是對鄒容「革命軍」一書中殺盡胡人的見解，卻不甚贊同。他是站在民權的立場上反滿，所反對的只是滿人的世襲爵位及不營實業而坐食的專權。他認為只要滿人能自覺，放棄了他的特權，漢人沒有殺盡滿人的必要。這種態度，顯然是政治的革命，而非狹隘的種族革命。他的學製炸彈，預備暗殺、暴動，以及組織光復會，加入同盟會，一連串的革命行動，都應該從這個方向去看。

四、初次遊學

光緒三十三年（1907）五月，元培赴德留學，在柏林一年，然後遷居來比錫，進大學聽講，所聽的課程有哲學、文學、文明史及人類學等，尤注重實驗心理學及美學。心無旁騖，專心研究，以充實自己。而國內的革命運動，這時正日趨蓬勃。武昌起義後，元培即到柏林與留德學界共同宣傳與募款；不久接陳其美電報，乃取道西伯利亞東歸，於十月十一日到上海，結束了初次留學生活。

五、民國首任教育總長與再度遊學

中華民國成立，孫中山先生在南京就任臨時大總統，元培被任命為教育總長；臨時政府北遷後，仍蟬聯教育總長。這時，中國政體，已由專制改為民主，除舊佈新，一切草創；而各方對新教育的精神、制度與內容，頗多意見。元培既身負教育重任，於教育方針，不能不有所表示。他認為當時教育界所提倡的軍國民主義及實利主義，固為救時之必要，而不可不以公民道德教育為中堅。欲養成公民道德、不可不使有一種哲學上的世界觀與人生觀。而涵養此等觀念，不可不注重美育。因將清季學部的「忠君、尊孔、尚公、尚武、尚實」五項宗旨加以修正，改為：軍國民教育、實利主義教育、公民道德教育、世界觀教育及美感教育五項。他又在所召開的臨時教育會議上闡明民國教育方針的重要意義，權利與義務的正當關係，並提出各項重要議案在會中討論。

元培在教育總長任內，曾對全國教育進行一些重要改革，如頒布教育宗旨，修正教育制度、大學特別注重文理兩科、將經科併入文科、小學實行男女同校、廢除讀經、取消舊時獎勵辦法、特設社會教育司以普及教育等，都是奠基礎、開風氣的工作。

　　在政治上，元培則努力促進國家統一。當時，光復會與同盟會，因一、二首領政見稍殊，致使兩會之衝突漸趨激烈。元培因與兩會都有關係，不願見其自相殘殺，自回國後，頗盡調停之力。

　　民國元年（1912）2月18日，元培又奉派為歡迎袁世凱南下就總統職專使，袁氏藉口兵變，託辭不行。為求和平統一，元培反覆籌商，接洽一切，卒使南京臨時政府平安北遷，而免掉一場戰禍。

　　6月，內閣總理唐紹儀為王芝祥督直問題，因袁世凱漠視國務員副署權力，憤而辭職。元培亦堅請連帶辭職，於7月14日獲准。在當時辭職閣員的辭呈中，有的說才德不濟，有的說親老待養，仍是中國舊官場以政治病為退場的作風。惟有元培的辭呈，直指政見不合，難有建樹，表現出政治家的風範。這種以連帶責任為理由而辭職的態度，足以說明他是具有政治頭腦而認識內閣制真諦的一人。袁世凱曾當面慰留說：「我代四萬萬人堅留總長」，元培立即答以：「元培亦對於四萬萬人之代表而辭職」。雖備受挽留，義無反顧。合則留，不合則去。這種有所不為的政治家風度，實開民國之先河。

　　1912年9月，元培偕眷再度赴德，仍到來比錫，在大學聽講，並在世界文明史研究所研究。

　　1913年3月，宋教仁遇刺案發生，南北惡感日深，元培特別自歐洲兼程回國，他為免除地方被殘害起見，曾奔走調停，終因袁世凱缺

乏誠意而告失敗。及二次革命爆發，他乃與吳敬恒、張繼等在上海創辦「公論報」，列舉袁氏罪狀，口誅筆伐，不遺餘力。9月，二次革命不幸失敗，於是再度赴歐，住巴黎近郊一年。及歐戰發生，遷居法國西南部，於習法語、編書外，並與李石曾等辦理留法勤工儉學會，籌組華法教育會，被推為中國會長，已不像初次遊學那樣專一。自二次革命失敗後，袁世凱即圖謀稱帝，而反帝制的各派聯合奮起，與袁氏決鬥，卒將袁氏打倒。1916年10月，元培自法啟程返國，12月26日，被任命為國立北京大學校長。1917年1月4日到校就職。註3

六、整頓北京大學

元培非常重視大學教育，因為他深知大學教育在於研究學術，學術昌明的國家，沒有不強盛的，德國就是很好的例子。他欲以教育救國的意願，在戊戌政變發生時就已決定。在他留德期間，對比較著名的大學，如柏林大學、門興大學及來比錫大學等，留有非常深刻的印象。他對大學的觀念，無疑地也深受德國那時代若干大學者的影響。他希望所主持的北京大學，能與德國大學相頡頏，他懷有力爭學術地位的雄心。因此，在就任北大校長後，立即推行了一連串重大而新穎的改革。

那時，一般人仍有科舉時代的遺毒，認為學校是變相的科舉，上大學是謀個人入仕途的出身。元培首先要糾正的就是這種錯誤的觀念。他要學生認清大學教育的宗旨，是研究高深學問，大學生應當以研究學術為天職，不應該把大學視為升官發財的階梯。他深知北大

生沒有高尚的娛樂與自動的組織，是走向腐敗、對學術沒有興會的重要原因之一，便對症下藥，除廣延積學與熱心的教員，認真教授，倡辦各種刊物，以提高學生研究學問的興會外，並提倡課外的高尚娛樂，如組織進德會、音樂會、平民學校與平民演講團等，以發揚學生自動的精神，養成服務社會的能力。校中頓時呈現出一片蓬勃的朝氣。

對聘請教員原則，元培是抱人才主義，只問學問能力之有無，不問其思想、派別、年齡、資格和國籍為何，保持了講學研究的絕對自由。因為人才至為難得，若求全責備，學校就無法成立了。在他所聘請的教員中，新舊派都有。儘管他支持新派，但對舊派人物也保有相當的尊重。真正做到無所不容，無所不包。

在學校行政方面，元培所表現的則是民主作風。他在北大實行教授治校的辦法，共同掌理校政。首先設評議會，為商決校政的最高機關；次成立各科教授會、教務會議、行政會議等，使教職員都能貢獻他的意見，盡他的力量。當時政治不上軌道，為政者不能久於其任，往往為了校長一人的更迭，而牽動學校校務，妨礙學生學業。照蔡元培的辦法，校中內部組織完備，無論何人來做校長，都不能任意辦事，目的在防止軍閥干涉校務。當時由於政治環境的關係，他在校之日少，離校之日多；但由於這種制度的實行，所以校務仍能照計畫進行，沒有停頓。

元培認為大學是囊括大典、包羅眾家的學府，所以又在北大努力培養自由研究的學風，對於各家學說，是依照各國大學的通例，循思想自由原則，取兼容並包主義。無論何種學派，苟其言之成理，持之

有故，尚不達自然淘汰的命運，即使彼此相反，也聽他們自由發展。因為他素信學術上的派別是相對的，不是絕對的；而真理愈辯愈明，只有使各種不同的主張並存，才能使學生有自由選擇的餘地，不致抱專己守殘的陋見。

他雖然主張學術研究自由，可是並不主張假借學術的名義，作任何違背真理的宣傳。不但不主張，而且反對。例如馬克思的思想，他以為在大學裏是可以研究的；可是研究的目的決不是為共黨作宣傳，而是為學生解惑去蠹；因為有好奇心而無辨別力，是青年被誘惑誤入歧途的根源。他這種休休有容的態度，不僅使北大氣象為之一新，就是五四運動的產生，也與他的提倡思想自由、研究自由有很大的關係。

由於我國素無思想自由的習慣，每好以己派壓制他派；所以元培這種辦學方針，頓時成為守舊人士非議的目標。1919年3月18日，林紓（琴南）在《公言報》發表致元培的公開信，嚴詞指責北大：覆孔孟、剷倫常、盡廢古書、行用土語為文字。元培即覆一長函，說明他辦理北大的方針和對新文化運動的主張，針對林紓所提諸點，一一據實加以駁斥，義正辭嚴，使林紓啞口無言。

在蔡、林「新舊之爭」以後的一個多月，由於巴黎和會山東問題交涉的失敗，北京各校學生乃於5月4日遊行示威，火燒趙家樓，打倒賣國賊曹、陸、章。在被捕的各校學生中，以北大為最多。元培竭力奔走營救。

當時，學生們以「外爭主權、內除國賊」為目標，動機非常純潔。但親日派既集矢於北京大學，更遷怒於元培個人；再加上政客的

推波助瀾，想乘機奪取此校，元培不得不於五月九日留書辭職出京。而風潮益形擴大。元培在各方挽勸下，不願為個人的去留問題而牽動學校，遂同意回任。在此後數年中，他歷遊歐美各國考察教育，或出席國際會議，或為退還庚款而努力。

1922年冬，財政總長羅文榦，忽以金佛郎案被逮。釋放後，又因教育總長彭允彝的提議，再度監禁。元培對彭氏此舉，認為是蹂躪人權、獻媚軍閥的勾當：他「痛心於政治清明之無望，不忍為同流合污之苟安；尤不忍於此種教育當局下，支持教育殘局，以招國人與天良之譴責。」乃於1923年1月17日，一面呈請辭職，一面離京，以去就為嚴正之抗議。於7月間重往歐洲，繼續研究學問。直到1926年春天，方由歐返國，即留在南方參加國民革命的北伐大業。7月8日，辭去北大校長職務。

綜計元培「居北京大學校長的名義，十年有半；而實際在校辦事，不過五年有半。」

自1917年到1926年，也就是元培擔任北大校長時期，北洋軍閥先後分為直、皖、奉三系，互相爭戰；另一方面，則為了新舊約法的爭議，演為長期的護法戰爭。直到1924年春，中國國民黨改組，南方的新勢力才逐漸抬頭，而有北伐之舉。元培以革命黨員兼教育家的身分，置身於北洋軍閥統治勢力之下，企圖以教育文化的革新，來達成國民革命所不易達成的任務。他在北大經營的結果，不僅使北大面目一新，也使整個社會、文化及政治方面，起了顯著的變化；一切傳統的思想，均遭到了嚴重的衝擊，分別予以重行評估。在此以前，一般人對軍閥的惡勢力，仍然心存畏懼；但經過這番奮鬥，他們的假面具

被戳穿了，反抗惡勢力的勇氣相對增長了，從而奠下以後國民革命的基礎。註4

七、創設大學院

　　1927年4月，國民政府奠都南京。教育界的先進們欲徹底整理學制系統，於是在中央創設「中華民國大學院」以總攬全國學術及教育行政事宜；取代了原來的教育部。同時在地方上試行大學區制。分全國為若干大學區，區內設國立大學一所，大學校長總理本區內一切學術教育事宜。凡試行大學區之省份，即取消教育廳，將教育廳一切職權移歸大學辦理。在民國教育史上，這是一次很大的變動。其創議和籌劃的主要人物是蔡元培和李煜瀛，國民政府乃任元培為大學院院長。

　　大學院於1927年6月完成立法程序；大學區則指定先在江蘇、浙江、北平三地試辦。不意，大學院甫經成立，即因地位特殊，陳意過高，而一部分人士，又以名非習見，頗多懷疑，於是攻擊之聲四起。元培在一年之內，四次修改大學院組織法，以遷就反對者的意見，仍無濟於事。而江蘇、北平兩大學區內，對新制的反對，尤其劇烈。1928年8月14日，五中全會第五次大會，議決：依建國大綱設立五院，在行政院下設有教育部。元培眼見政府組織更變，其所手創之大學院已無法保存，乃於17日呈辭本兼各職，10月3日獲准；23日，政府明令改大學院為教育部，所有前大學院一切事宜，均由教育部辦理。1929年7月，大學區也全部結束，恢復教育廳舊制。元培對教育之理想：「以學者為行政之指導，以學術化代官僚化」，遂成曇花一現。

1999年11月5日作者偕內子李明正在上海市靜安公園蔡元培院長銅像前留影，左為蔡院長次女睟盎女士。

1927、1928年間，正值黨國由分裂趨於統一，處在多事之秋；一方面致力於軍閥的掃除工作，一方面也要彌縫黨內的歧見，元培置身其中，盡智盡力，奔走調停，辛勞備至。可是他所創行的大學院及大學區制，以新的觀念與新的面貌與國人相見，卻未能為一般人所接受。註5

八、主持中央研究院

1927年5月9日，中央政治會議第90次會議，秉承中山先生擬設中央學術院為全國最高學術研究機關之計畫，採納元培等之建議，議決設立中央研究院籌備處，並推蔡元培、李煜瀛、張人傑為籌備委員。但在7月4日國民政府公布的大學院組織條例第七條規定「本院設立中央研究院，其組織條例另定之。」10月，大學院正式成立，乃根據組織條例，聘請中央研究院籌備員三十餘人，11月20日，召開籌備會議，通過「中華民國大學院中央研究院

組織條例」七條。根據該條例，可知中央研究院由最初所擬之獨立研究機關，改為屬於大學院下所設許多國立學術研究機關之一；直到1928年4月10日，國民政府公布「修正中央研究院組織條例」，始改「中華民國大學院中央研究院」為「國立中央研究院」，成為不屬於大學院的一個獨立研究機構。並於4月23日特任元培為院長。6月9日，院長、總幹事及各單位負責人在上海東亞酒樓舉行第一次院務會議，宣布正式成立。事後，中研院即訂6月9日為院慶。

元培認為教育與學術是立國的根本，而科學研究尤為一切事業的基礎，所以努力於科學研究的促進。他對我國科學事業最大的貢獻，就是中研院的設立。集中專門人才，分設各種研究所，使中國科學研究進入一新的時代。就名義言，該院為全國最高的學術研究機關；就職責言，實兼學術的研究、發表及獎勵諸務。有了此一有系統而代表全國的學術團體，國內的學術工作得有中心，可以促進各機關的合作，提高研究

上海華山路303弄16號蔡元培院長故居，1999年11月5日作者攝。

工作的效率；遇有國際學術會議，也可藉此組織彼此接洽，並由此組織以轉與本國各學術機關或專門學者商洽推進。所以中研院的設立，在我國科學事業上，是極具重大意義的。元培在他晚年，辭去一切兼職，但仍保留了中研院院長的職務，以貫徹他注重學術研究的主張。

1937年七七事變後，接著日軍又攻擊京滬，並向華中進逼。中研院隨政府撤遷後方。元培於1938年1月去香港，不久遷居九龍。原想在港稍事休息，即轉赴後方；嗣因健康不佳，香港在醫學方面較內地方便，所以未能即行。竟因年事日高，又憂傷國事，精神日感不支。1940年3月3日，不慎失足跌倒，病勢加劇，延至5日上午，這位「終身盡忠於國家和文化而不及於私的公民」，遂與世長辭，享年74歲。卜葬於香港仔華人公墓。

自北伐後到抗戰前，也就是一般所稱艱苦建國的十年間，全國雖然歸於統一，但各地反抗中央的事件，仍然此伏

1968年1月11日，為蔡元培院長百年誕辰紀念，中研院與北京大學同學會在中研院蔡元培紀念館合立之半身銅像。

彼起，迄無寧日；而日本帝國主義者更虎視眈眈，侵華日亟，五三慘
案、九一八事變、一二八滬戰，相繼發生；並製造偽滿及冀東偽組織
等，咄咄逼人；終於引發為時八年的抗日聖戰。

　　在這段期間，元培致力於教育行政制度之革新外，便是主持中研
院的院務，中研院的成立，是他在整頓北大後，進一步領導學術界人
士向專門研究路途邁進的開始。結果在對日抗戰前的十年間，蔚成民
國以來以學術研究的黃金時代。而他培養人才、學術救國的素願，亦
得以稍稍實現。註6

九、著述

　　元培以清末名翰林，復留學歐西，借用他稱讚胡適的話來說，
他真是「舊學邃密，而新知深沉」。但由於他求知心切、興趣過於廣
泛，以致所學龐雜，沒有留下太多的純學術專著；所留的多半是些譯
述或散篇文字。他的言論及散篇文字，由他人代為輯印成冊者，為數
頗多。茲將其著述分為兩類，摘要列下：

(一) 編撰或譯述之專書：《學堂教科論》（宣統二年〔1910〕九月，上
　　海普通學書室出版）、《文變》（光緒二十八年〔1902〕四月，商務
　　代印）、《哲學要領》（（譯自德國科培爾所講、日本下田次郎所
　　述，光緒二十九年〔1903〕八月，商務出版）、《妖怪學講義錄・總
　　論》（譯自日本井上圓了所著，光緒三十二年〔1906〕八月，上海亞
　　泉學館出版，後歸商務）、《倫理學原理》（譯自德國泡爾生所著，
　　宣統元年〔1909〕九月，商務出版）、《中國倫理學史》（宣統二年

〔1910〕七月，商務出版）、《中學修身教科書》（原為五冊，1912年6月修正合訂一冊，商務出版）、《哲學大綱》（1915年1月，商務出版）、《石頭記索隱》（在《小說月報》7卷1至6期連載，1917年9月，商務出版）、《華工學校講義》（1916年8月起在《旅歐雜誌》連載，至1919年8月，由華法教育會在巴黎印成專書出版）、《簡易哲學綱要》（1924年8月，商務出版）。

(二) 由他人代為輯印之文集甚多，其較重要者有：《蔡子民先生言行錄》（1920年10月，北大新潮社編印）、《蔡元培言行錄》（隴西約翰編，1931年5月，上海廣益書局出版）、《蔡子民先生傳略》（高平叔編，1943年3月，重慶商務出版）、《蔡元培選集》（1957年，北京中華書局編印）、《蔡元培先生遺文類鈔》（孫德中編，1961年1月，臺北復興書局出版）、《蔡元培民族學論著》（中華民族學會編，1962年1月，臺北中華書局出版）、《蔡元培選集》（1967年1月臺北文星書店編印）、《蔡元培自述》（1967年9月，臺北傳記文學社編印）、《蔡元培先生全集》（孫常煒編，1968年3月，臺北商務出版）、《蔡元培全集》七卷（高平叔編，自1984年9月至1989年7月，北京中華書局出版），為便於讀者使用，高平叔又按教育、美育、哲學、史學、政治、語言及文學、科學與技術等學科編訂《專集》，由河北人民出版社及湖南教育出版社印出七種。其根據上列各書改頭換面予以影印或重行排印者，不再贅述。最後總其大成者，為高平叔主編《蔡元培文集》（注釋本）十種十四卷：自傳、教育（上、下）、美育、哲學、政治經濟、史學民族學、語言文學、科學技術、書信（上、中、

下）、日記（上、下），由台北錦鏽出版事業公司於1995年5月出版。

十、結語

綜觀蔡元培的一生：在辛亥以前，他是革命家；在辛亥以後，他是教育家。辛亥以前，他雖然也曾盡力於教育事業，如在學校裏鼓吹民權、介紹進化論、宣揚虛無主義等，似乎是將教育當手段，藉此以培養革新人才，而達到革命的目的。但他也真知教育的永久價值，所以蜚聲翰苑和辭去教育總長之後，仍再遠赴歐洲留學，接受新時代的教育，以充實自己；然後再以所學貢獻於國人。民國成立後，他曾兩度主持全國教育行政，以新的觀念和新的作風，建立我國教育的新制度。並在北大樹立了自由研究的學風，在中央研究院為科學的研究奠下了基礎。真不愧是一位大教育家。

從上述蔡元培不平凡的事蹟中，我們也可以說他是一位睿智的思想家，同時也是一位開創風氣的文化界領袖。他的一生，總是懷著熱烈的情感和真實的見解，去引導啟迪一般知識分子，從事於教育的發展、學術的研究，以及所有有益於國家民族復興的事業。民國以來的知識分子，大多直接或間接受著他的影響。

（原載：秦孝儀主編《中華民國名人傳》，第1冊，PP.613-633。台北，近代中國出版社，1984年11月24日出版。）2007年4月18日修訂。

【注釋】

註1：蔡元培的家世，係根據《蔡元培自述》（臺北，傳記文學社編印，1967
　　　年9月初版）及《蔡元培年譜》（高平叔編著，北京，中華書局，1980
　　　年2月印行）兩書。

註2：蔣夢麟〈試為蔡先生寫一篇簡照〉，1940年3月24日重慶《中央日報》。

註3：以上參考陶英惠：《蔡元培年譜》（上），臺北中央研究院近代史研究
　　　所專刊之36，1976年6月初版

註4：整頓北京大學部份，參考陶英惠：〈蔡元培與北京大學，1917～1923〉，
　　　臺北，《中央研究院近代史研究所集刊》，第五期（1976年6月出
　　　版），頁263～312。

註5：創設大學院部份，參考陶英惠：〈蔡元培與大學院〉，臺北，《中央
　　　研究院近代史研究所集刊》，第三期，上冊（1972年7月出版），頁
　　　189～205。

註6：主持中央研究院部份，參考陶英惠：〈蔡元培與中央研究院，1927～
　　　1940〉，臺北，《中央研究院近代史研究所集刊》，第七期（1978年6
　　　月出版），頁1～50。

蔡元培與中央研究院（一九二七～一九四〇）

一、前言

　　近代西方科學興起後，進步異常迅速，其成就與發展，對整個人類的物質與精神生活，形成了一股巨大的支配力量。近代中國在飽受西方船堅砲利的淩辱以後，不得不急起直追，在用不同的方式去努力發展科學，從清季的自強運動時起，一般知識份子的思想中，即漸漸瀰漫著科學主義的思潮。於是，科學這塊金字招牌，一時成了被崇拜的對象，「並駕齊驅」、「迎頭趕上」，變為一般人的口頭禪，也是全中華民族的共同願望之一。咸認為只有使自己的科學昌明，並迎頭趕上西方列強，我們的國家才能臻於富強之境。在這股思潮籠罩下，留學國外並主修科學的人，一天比一天增多；在國內以研究科學為主的團體，也如雨後春筍，應運而生。在所有從事科學研究的團體中，規模最大而相當完備的，自應屬中央研究院。（以下簡稱「中研院」）

中國近代科學化運動，雖然自清季即開始提倡，但不論質和量方面的成就，都仍有限。直至國民政府奠都南京以後，中研院和其他研究機關，先後成立，各大學亦相繼添設研究部門，方為這個運動奠定了一個初步的基礎。

在中國近代科學化運動中，參與實際工作的人非常之多，要想探討他們對科學研究的方向，分析其所付出的心力與所作的貢獻，自宜從他們所工作的研究機關著手。中研院是蔡元培（孑民）先生在革新北京大學及整頓全國一般教育以後，進一步領導國內學人向專門研究路途邁進的開始。在北伐成功後至對日抗戰前的十年間，所以蔚成民國以來學術研究的黃金時代，與中研院有莫大的關係。中研院在創立之初，即明定為「中華民國最高科學研究機關」；就其以後的發展言，也確為全國最大的科學研究機關。其本身不僅設置了許多專門的研究所從事高深的學術研究；同時也與國內外其他學術機關，進行廣泛的合作。因此，可以説它已開始從事領導、聯絡和獎勵全國的學術研究。

中研院設立的始意是什麼？是什麼性質？究竟居於什麼地位？其初期的成員及對學術貢獻為何？以及在蔡元培主持下中研院努力的方向是什麼？他如何使中國的研究事業，走上有組織、有系統的路途？具有那些實際的成就？均為值得探討的課題。希望透過這一個案研究，能對中國進代科學事業發展的情形，加深認識。了然於中研院以往的成績，容或有助於我國目前的科學發展。同時，對國民政府統一全國前後艱苦建國的實況，亦將可增進瞭解。

二、中研院成立的背景

近代西洋各國的研究院，是文藝復興時代首先在義大利創立起來的。影響所及，由十七世紀起，歐洲各國多相繼有研究院的設立。有的是因學術研究而自動的組合，或是政府感於迫切需要而盡力協導建成的。[註1]像這類由全國學術權威為構成主體的國家學院，其組織形式，無論屬於學會性質和國家學術組織或屬於研究所集合組織，更或屬兼具二者，皆係對於國家學術政策，備政府的諮詢，以謀求學術的進步，並致力於國際學術的合作。[註2]

在中研院成立前，我國向無國家學院的設置。至於研究事業，自海通以來，除歐美學者在各地曾為零星之個人研究外，能以鉅量金錢在中國為大規模之科學研究者，首推日本。日本於1900年在華所設立之東亞同文書院（初設南京，旋因拳亂遷至上海），是培養經略中國人材的教育機關，每年應屆畢業生的重要課程之一是調查旅行，旨在調查中國政治、經濟、商業及地理等方面的實情，作成報告，供日本政府對華政策之參考。他們的足跡幾遍及中國每一個角落，國人對其從事於中國經濟社會調查之精密，已深具戒心。日本政府透過他們，確實也獲得了不少重要情報。由該院的整個歷史看，在日本侵華的過程中，該院的學生實扮演了相當重要的角色。[註3]而日本外務省復於1923年設置「對支文化事務局」，掌管對華文化的一切事宜，嗣以日本所得庚子賠款之大部份，在上海設自然科學研究所（1928年開工興建，1931年4月1日正式成立），在北平設人文科學研究所（1931年4月1日正式成立）。[註4]自然科學研究所在籌辦之初，宣佈所欲研究者，如沿海之

魚類研究，各省天然化合（即礦產）之研究等，均與中國經濟主權關係甚大，其用心可知。在國民革命軍北伐致力於統一時，有識之士，咸認我國科學幼稚，而強隣虎視，應趕快自設專門研究機構，「其責任不僅在格物致知，利用厚生，樹吾國文化與實業之基礎；且須努力先鞭，從事於有關國防與經濟之科學調查及研究，以杜外人之覬覦。」註5

另一方面，在「五四」以後，知識階級已覺悟到，單靠得學位、圖飯碗，並不算是學者，亦渴望有一種研究的機關。因此學術團體次第成立者很多，計自民國元年至十四年（1912~1925）教育部發表之各種學會名單，共有44個團體，其中研究自然科學及應用科學者佔有半數。註6足見國人已知重視科學研究之一斑。

蔡元培對學術研究具有濃厚的興趣，他在點了翰林以後，又開始閱讀譯本西書，學習外國語文，再到歐洲留學多年，他對德、法兩國研究機構的情形留有深刻的印象，等到他有機會主持教育行政時，便想吸取別人的長處，設置研究機構，以實現其自戊戌（1898）以來為國家培養人才之素志。例如民國元年〔1912〕任教育總長時，即改清末之通儒院為大學院，於大學中分設各種研究所，並仿德國大學制，規定大學高級生必須入所研究，俟所研究的問題解決後才能畢業。但各大學並未實行。大學中有正式研究所，係始於蔡元培所主持的北大；有獨立而相當完備的研究機構，則始於1927年所創立的中研院。

「五四」以後，蔡元培對北京大學的設備，力謀充實，以期能饜足學生研究學術的欲望，並喚起研究的興趣。又倡設研究所，以供本科畢業生作進一步之研究，此不僅為北大研究院成立之基礎，亦開各

大學研究所之先聲。孫中山先生在講民族主義時，曾說：「我們要學外國，是要迎頭趕上去，不要向後跟著他。」蔡元培創立中研院的目的，就是要在科學方面迎頭趕上外國。[註7]因為他深知一個國家國力的增長，和科學事業的進步成正比，所以努力促進科學的發展。中研院的設立，就是要將這個理想付諸實踐。

三、蔡元培籌設中研院的經過

1. 緣起

　　1913、1914年間，馬良（相伯）與章炳麟（太炎）、梁啟超等，曾向政府建議，請做照法國「阿伽代米」（Académie）設「函夏考文苑」其性質頗似日後之中研院。當時因政局動盪，未能實現。[註8]

　　1924年冬，孫中山先生離粵北上時，曾擬設中央學術院為全國最高學術研究機關，以立革命建設之基礎。命汪兆銘、楊銓、黃昌穀起草計劃。不幸翌年3月病逝，此議遂無由實現。1926年，國民黨中央黨部在廣州曾有中央學術院之設立，但其目的，係專為訓練訓政時期政治人員，名稱雖同，性質實異。第一期學員畢業，即行停辦。[註9]

　　國民革命軍底定江南後，國民黨內的學界人士感到為國家設立正式研究機構，是刻不容緩的事。因為當時我國大學教育及留學事業在量的發展方面，至為迅速，學術界已深感有提高學術研究之必要。所以於1927年4月17日晚在南京舉行的中央政治會議第74次會議中，即由李煜瀛（石曾）提議設立中央研究院案，會中決議推李煜瀛、蔡元

培、張人傑（靜江）三人共同起草組織法。註10此為籌設中研院的最早紀錄。同日下午，中央政治會議的第73次會議，是在南京召集之第一次會議，而國民政府在第二天（4月18日）才正式奠都南京，在南京開始辦公。時值寧漢分立，北伐的軍事受到頓挫，直系的吳佩孚與孫傳芳兩派勢力，復得暫時喘息，與奉系打成一片，猶圖作困獸之鬥。在如此重要的軍政時期，蔡元培等卻討論到要為國家設立中研院，於此，一方面可以見出他們對此事是如何重視；再者，顯然這也是他們經過長時期深思熟慮的結果，不是乘興率爾提出來的。這時，蔡、李等人，正以黨國元老、中央監察委員和中央政治會議委員的身份，參與南京國民政府的大計，並獲得充分的信任與支持。在這種有利的條件下，他們當然不會放過這個大好的機會，遂積極著手去實現他們多年來的理想。

2. 籌設經過

　　1927年5月9日，中央政治會議第90次會議，議決設立中研院籌備處，並推定蔡元培、李煜瀛、張人傑、褚民誼、許崇清、金湘帆為籌備委員。註11在1927年4月20日時，中央政治會議第76次會議，決議以蔡元培、李煜瀛、汪兆銘三人為教育行政委員會委員，即以該會行使教育部職權。註12此為蔡元培自1912年辭去教育總長後再度參與中央教育行政之始。1927年6月，蔡元培以教育行政委員會委員在中央政治會議第102及105次會議中，提出變更教育制度案，以大學區為教育行政之單元，組織中華民國大學院，為全國最高學術教育行政機關。註13至是，籌設中之中研院，遂成為大學院中附屬的機關之一。在7月4日

國民政府公佈的「中華民國大學院組織法」[註14]中，其第七條為：「本院設中央研究院，其組織條例另定之。」10月，大學院院長蔡元培根據此條，著手籌備中研院，聘請學術界人士王季同、胡剛復、王璡、王世杰、周覽（鯁生）等30人，於11月20日召開中研院籌備會及各專門委員會聯合成立大會，討論該院組織大綱及籌備會進行方法。議決先籌設各研究單位，計有：理化實業研究所、地質調查所、社會科學研究所、觀象臺四個研究機構、並推定各所常務籌備委員，積極展開籌備工作。[註15]

1928年4月10日，修改組織條例，[註16]中研院改為獨立機構，23日，特任蔡元培為院長。[註17]5月，啟用印信。[註18]籌備工作，暫告一段落。6月9日，蔡元培召集各單位負責人在上海東亞酒樓舉行第一次院務會議，中研院就在這天宣告正式成立。[註19]以後即定是日為院慶。[註20]

至中研院的發展，在成立之初，曾擬定一個總計劃，分為三個時期：（一）1929及1930年度，為完成籌備時期，在此期中以全力充實現有各研究所之房屋、圖書儀器及人才，以達最低限度之工作需要。（二）1931及1932年度，為集中建築時期，在京、滬、平三地集中建築該院各所各機關之房屋，召集全國研究會議，以收聯絡合作之效，並積極參加各種國際研究會議。（三）自1933及1934年度起，為擴充事業時期，視經濟能力所及，就組織法所已列而未設或未列而應有之研究所，擇要逐漸增加，並擴充已設各所之事業。[註21]就該院以後發展的實際情形而言，由於經費支絀，以及國家多故，所以未能完全按照預定計畫進行。

四、中研院的組織與功能

中研院的組織，依組織法規定，直隸於國民政府，為中華民國最高學術研究機關。故就系統而言，為國府統治下之一院；就性質言，則為一純粹學術研究機關。院中組織，於院長之下分行政、研究、評議三大部。行政方面，以總辦事處主持之，設總幹事一人，商承院長執行全院行政事宜。研究部門，以各研究所及博物館、圖書館主持之。又設評議會，為全國最高學術評議機關。中國國民黨五屆十中全會「中央研究院三十年度工作成績考察報告」中云：

> 「該院設置評議會、總辦事處、研究所三種機構，組織單純，運用靈便，尚合執簡馭繁之旨。」[註22]

可謂持平之論。茲列其組織簡圖[註23]如下：

國立中央研究院組織圖

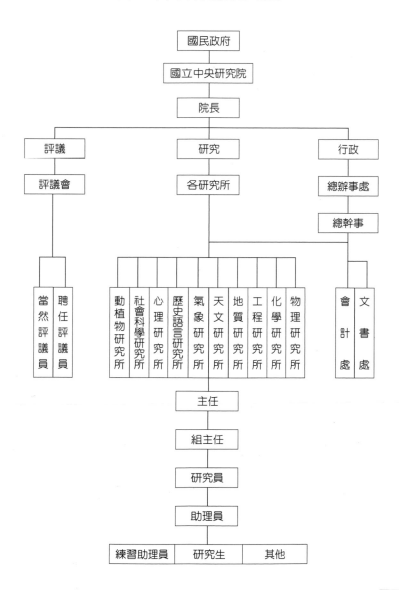

1. 各科研究所的設立

　　中研院是一個側重於研究工作的機關，故行政部門的組織，較為簡單。該院既以研究為其中堅，而各研究所又為研究部門之主體，茲將其成立情形略作說明。

　　根據「中華民國大學院中央研究院組織條例」[註24]第一條規定：「本院定名為中央研究院，為中華民國最高科學研究機關。」其研究範圍，暫以下列各組科學為限：(1)數學，(2)天文學與氣象學，(3)物理學，(4)化學，(5)地質學與地理學，(6)生物科學，(7)人類學與考古學，(8)社會科學，(9)工程學，(10)農林學，(11)醫學。又特別說明：因科學之發達與時代之需要，得添加新組；或將原有之組，分立擴大。（第三條）

　　此為中研院創設時最初所定的工作目標。上述兩條之要旨，在1928年4月10日的「國立中央研究院組織條例」中，沒有改動；但在同年11月9日公布的「中央研究院組織法」[註25]中，卻將為「中華民國最高科學研究機關」中的「科學」二字改為「學術」了。（第一條）「學術」一詞的含義，顯然要比「科學」廣泛。原來第三條所規定的研究範圍雖已刪去，但在第六條中明定設立：(1)物理，(2)化學，(3)工程，(4)地質，(5)天文，(6)氣象，(7)歷史語言，(8)國文學，(9)考古學，(10)心理學，(11)教育，(12)社會科學，(13)動物，(14)植物等14個研究所。在規定要設的十四個研究所中，終蔡元培任內，共設立了10個，其中考古學作為歷史語言研究所之一組，只有國文及教育兩研究所不曾成立。這十個研究所名稱，係由理化實業、社會科學、歷史語言三研究所，以及地質調查所、觀象臺與自然歷史博物館演展而

來，以後亦歷有改變。為便於明瞭起見，茲將其成立的時間及名稱演變情形列表如下：註26

理化實業研究所（1926.11籌設）
- 物理組－物理研究所（1928.7成立）
- 化學組－化學研究所（1928.7成立）
- 工程組－工程研究所（1928.7成立）

地質調查所（1927.11籌設）──── 地質研究所（1928.1正式成立）

社會科學研究所（1927.11籌設，1928.5正式成立。1934.7中華教育文化基金會董事會之北平社會調查所併入該所）

時政委員會（1927.6國民政府教育行政委員會附設，1927.10改屬大學院）──

觀象臺（1927.11改稱）
- 天文組－天文研究所（1928.2成立）
- 氣象組－氣象研究所（1928.2成立）

語言歷史研究所（1927年夏設於廣州中山大學）
－歷史語言研究所（1928.4設籌備處，1928.10.20 正式成立）

自然歷史博物館（1929.1籌備，1930.1成立）－動植物研究所（1934.7成立）

心理研究所（1928.11決定設立，1929.1籌備，1929.5正式成立）

2. 評議會及其功能

中研院除了自己設置各研究所從事研究外，還有一項國家學院更重要的任務，即「組織法」第二條所規定的：指導、聯絡、獎勵學術之研究。具體的說，就如蔡元培所云：

「對於向我們諮詢專門問題的人，我們當然有指導的責任，對於在學術界有重要發明或貢獻的本國學者，我們有時亦認為有獎勵的義務，對於和我們志同道合的研究機關，我們更覺得有聯絡的必要。」[註27]

中研院要負起這項任務，必須先在本身求其體制的完成。學院構成的分子，在歐西各國通稱為會員（Member），由學術界負有重望的人士擔任。中研院成立之初，在組織條例中也有設會員（即院士）[註28]的規定；只以當時國內情形複雜，要選舉院士頗有困難；而且國內的學術研究工作，基礎很差，還沒有成熟的學人，設置院士，也尚非其時。其所以不得不先從自身設立各研究所，做一些示範工作，理由在此。

不過，在未選院士前，中研院總得有一個適當代替的方式，使學術界人士可以參與該院的工作。這就是在設置各研究所以後，首先積極籌設評議會的根本原因。

評議會是全國最高的學術評議機關，其性質與歐美各國之全國研究會議（National Research Council）相仿。在1928年6月30日中研院第二次院務會議中，對評議會的英文名稱，即議決採用「**National Research Council**」[註29]其職務在集中國內的人才，聯絡各學術研究機關，以謀國內外研究事業之合作。

在中研院創立時的組織條例內，即明定設立評議會，而且自第二次院務會議起，亦屢次討論到評議會之組織及人選問題，並推定組織

條例的起草人等。[註30]終因關係複雜，牽涉太多，未能及時成立。[註31]直到1934年5月丁文江接任總幹事後，才認為不可再緩，積極著手進行。他覺得中研院當時的研究工作，多與外界隔絕，應力求與各大學及各研究機構，取得聯繫合作。不然，組織法上「指導聯絡獎勵學術之研究」，就成為空洞的條文，不能發生效力，要想使這空洞的條文發生效力，就需要製成並實行具體的方案；而要製成具體的方案，就不能不需要一個足以代表全國學術界的評議會去主持和提倡。同時，他認為只有設立評議會，才可以穩定中研院，如院長的繼任人選，由評議會推舉，即可保持學術研究相當的獨立性。遂毅然發動設立評議會。他對評議會組織條例的起草，和第一屆評議員的產生方法，與各有關方面經過不斷的商討，才告完成。[註32]

　　1935年5月27日，國民政府修正中研院組織法第五條條文，[註33]同時頒布根據此條而設立的「中央研究院評議會條例」。[註34]根據「組織法」第五條規定，評議會：

> 「由國民政府聘任30人，及當然評議員組織之。中央研究院
> 院長及其直轄各研究所所長為當然評議員，院長為評議會議
> 長。」

其第一屆聘任評議員之產生：

> 「由中央研究院院長及國立大學校長組織選舉會，投票選舉
> 三十人，呈請國民政府聘任之。」（評議會條例第二條）

至候選人的產生：

> 「在評議會選舉評議員前，應由國立大學及獨立學院各院系
> 之教授，就相關科目及有第三條之資格者，加倍選舉候選
> 人。候選人不以國立大學及獨立學院各院系之教授為限。」
> （同上第九條）

其中對第三條對被選舉人資格的規定為：

> 「一、對於所專習之學術有特殊之著作或發明者；二、對於
> 所專習之學術機關，領導或主持在五年以上成績卓著者。」

對於所研究之科目，則以中研院已有的為限，其他學科的人員並不包括在內。[註35]每科目的名額不得逾三人。（同上第四條）

1935年6月20日，中研院在南京舉行第一屆評議員選舉會，經過上述審慎而繁複的手續，選出聘任評議員30人，加上11位當然評議員，共41人，於同年9月7日正式成立評議會。茲將各評議員所專習的科目及所服務的機關。列表如下：[註36]

第一屆評議會當然評議員

姓名	別號	籍貫	在中研院職務	備考
蔡元培	孑民	浙江紹興	院長	評議會議長
丁燮林	巽甫	江蘇泰興	物理所所長	
莊長恭	丕可	福建	化學所所長	1938年9月辭職，由任鴻雋繼任所長及當然評議員
周仁	子競	江蘇江寧	工程所所長	
李四光	仲揆	湖北黃岡	地質所所長	
余青松		福建同安	天文所所長	
竺可楨	藕舫	浙江紹興	氣象所所長	
傅斯年	孟真	山東聊城	史語所所長	
汪敬熙	緝齋	山東濟南	心理所所長	
陶孟和		天津	社會科學所所長	
王家楫	仲濟	江蘇奉賢	動植物所所長	

第一屆評議會聘任評議員

姓名	別號	籍貫	研究科別	服務機關及職務	備考
李書華	潤章	河北昌黎	物理	國立北平研究院副院長	
姜立夫		浙江平陽	物理：數學	南開大學教授	
葉企孫		上海	物理	清華大學物理系主任中國物理學會副會長	
吳憲	陶民	福建侯官	化學	北平協和醫學院教授中國生理學會會長	
侯德榜	致本	福建閩侯	化學	永利化學工業公司總工程師、總經理	
趙承嘏	石民	江蘇江陰	化學	國立北平研究院藥物研究所所長、北平協和醫學院教授	

李協 （儀祉）	宜之	陝西浦城	工程	西北大學校長、陝西水利局長、中國水利工程學會會長、黃河水利委員會委員長兼總工程師	1938年3月8日病故。其缺於1939年3月13日評議會第四次年會補選茅以昇繼任
淩鴻勛	竹銘	廣東番禺	工程	隴海鐵路靈潼段、潼西段、粵漢鐵路株韶段、湘桂鐵路、天成鐵路、寶天鐵路局長兼總工程師	
唐炳源	星海	江蘇無錫	工程		
秉志	農山	河南開封	動物	北平靜生生物調查所動物部主任、中國科學社常務理事兼生物研究所所長	
林可勝		福建廈門	動物：生理	北平協和醫學院生物教授兼系主任	
胡經甫	宗權	廣東三水	動物	燕京大學生物系主任	
謝家聲		安徽	植物	經濟部中央農業實驗所所長金陵大學農學院院長	
胡先驌	步曾	江西南昌	植物	北平靜生生物調查所所長、中國科學社理事、中國植物學會會長	
陳煥鏞		廣東新會	植物	中山大學森林植物研究所所長	
丁文江	在君	江蘇泰興	地質	中研院總幹事	1936年1月5日病故。4月16日評議會第二次年會補選葉良輔繼任。
翁文灝	詠霓	浙江鄞縣	地質	國立北平研究院地質學研究所所長、北平實業部地質調查所所長、中國科學社理事	

朱家驊	騮先	浙江吳興	地質	兩廣地質調查所所長交通部長	
張雲	子春	廣東開平	天文	中山大學天文學教授、天數系主任、天文臺主任、理學院院長	
張其昀	曉峰	浙江鄞縣	氣象	浙江大學史地系主任	
郭任遠		廣東潮安	心理	浙江大學校長	
王世杰	雪艇	湖北崇陽	社會：政治	教育部長	
何廉	淬廉	湖南	社會：經濟	南開大學商學院兼經濟學院院長	
周鯁生	原名覽	湖南長沙	社會：政治	武漢大學教授兼政治系主任	
胡適	適之	安徽績溪	歷史	北京大學文學院院長	
陳垣	援庵	廣東新會	歷史	輔仁大學校長	
陳寅恪		江西修水	歷史	中研院史語所第一組主任	
趙元任		江蘇武進	語言	中研院史語所第二組主任	
李濟	濟之	湖北鍾祥	考古	中研院史語所第三組主任	
吳定良	均一	江蘇金壇	人類	中研院史語所第四組主任	
葉良輔	左之	浙江杭縣	地質	中研院地質所研究員	補丁文江缺額
茅以昇	唐臣	江蘇鎮江	工程	全國經濟委員會水利處處長錢塘橋工程處處長、中國科學社理事、中國工程師學會會長	補李協缺額

評議會的重要職權有三項：

「一、決定中央研究院研究學術之方針；二、促進國內外學術研究之合作與互助；三、中央研究院院長辭職或出缺時，推舉院長候補人三人，呈請國民政府遴任。」（評議會條例第五條）

關於前兩項職權，蔡元培認為可分三方面看：第一、對中研院各研究所：各組評議員對於自己工作有關係的研究所，都很注意；他希望全體評議員對於每一所的情形，都能加以留意，而予以批評及指導。第二、對於國內各學術機關：在評議會第一次年會時，曾由各組評議員分別調查本國學者所發表之科學論著，並編印了所有1935年度科學論文目錄。他希望以後每年編印，並分期補成以前各年度的。若更進一步，能聯絡各研究機關，使目前研究之狀況，及此後所獲得之成績，均有隨時報告之機會，而又有一種綜合發表之刊物，則對於工作之促進，當更易收效。第三、對於國外研究機關：對歐美學術先進國家各研究機關，盼能詳查經過的歷史，現前的工作，迭次的成績，報告於國人，則不但可以引起普遍的刺激，而亦可以推廣合作互助之機會。註37

至於評議會的第三項職權——推舉院長候補人，也非常重要。因為院長一職，實關繫著中研院全體的生命。凡此，足見評議會之決議，不僅關繫中研院院務之興廢，也攸關全國學術發展之隆替。使命可以說非常重大。故在第一屆聘任評議員的選舉會中，國立大學各校

長都感到評議員人選的素質極為重要，夠得上做評議員的應該為學術界的中堅人物，而同時對於各種學科，又應有相當均勻的分配，還要顧到各學術機關的代表性。要想面面俱到，確屬不易。

　　由30位當選聘任評議員的背景來看，上述幾個標準可以說都兼顧到了，就他們所主持或服務的機關言，無疑都是學術界的中堅人物，而又代表中研院十四種的研究科目，即：物理、化學、工程、地質、天文、氣象、歷史、語言、人類、考古、心理、社會科學、動物、植物。凡國內當時重要的研究機關，如：國立北平研究院、北平實業部地質調查所、經濟部中央農業實驗所、全國經濟委員會、中國科學社、靜生生物調查所，設有研究所的著名大學，如：北京、清華、協和、燕京、中央、中山、浙江、南開、武漢大學等，以及與科學研究有直接關係的教育部、交通部，無不網羅在內，都有代表當選，真可以說是一個代表全國學術研究的評議機關。至是，中研院才算粗具國家學院的初基。其和各研究機關之間，透過評議會而得到更進一步的聯絡。如果評議會運用得好，充分發揮其功能，也就是找到了中國學術合作的樞紐。

　　評議會的成立，是丁文江替中研院立下了百年大計，僅就決定院長人選一事而言，亦使中研院有了穩固而比較獨立的基礎。誠如胡適所說：

　　　「他把這個全國最大的科學研究機關，重新建立在一個合理而持久的基礎之上。」[註38]

有了評議會，才有後來的院士會議；有了院士會議，中研院的體制才算正式完成。註39

五、從組織的演變釋析其地位與性質

自北伐成功，全國統一後，到七七事變這段艱苦建國的十年間，科學建設的成績頗為可觀。當時以提倡科學思想及科學事業的機構，紛紛成立。根據教育部1935年1月統計，全國各主要學術機關團體，共有124個，其中屬於科學一類的共有82個，佔總數的66.1%。蔡元培將此82個團體，就其性質分為三類：(1)政府創辦的機關：中研院與國立北平研究院，直屬於中央政府；此外還有附屬於中央政府各部會的研究機關，如實業部北平地質調查所、中央農業實驗所、全國經濟委員會所屬之西北畜牧改良場、祁門茶葉改良場、棉產改進所等。(2)私人組織的團體：中國科學社、靜生生物調查所、中國西部科學院、黃海化學工業研究所等。(3)各大學研究院：經教育部備案者有北大、清華、中山、中央、武漢、南開、燕京等大學及北洋工學院等。註40中研院是國家學院的性質，就名義言，為全國最高學術研究機關，而與上述各機關有什麼不同？究竟居於什麼地位？以下將作一比較。

中研院的組織法，第一次是在1927年11月20日中央研究院籌備會及各專門委員會聯合成立大會中討論後擬訂的，於1928年1月「大學院公報」第1年第1期中公佈，名「中華民國大學院中央研究院組織條例」；第一次修正是1928年4月10日公佈的「國立中央研究院

組織條例」；第二次修正是1928年11月9日公佈的「中央研究院組織法」。1935及1936年又有兩次修正，但改動很少。此後之修正，蔡元培已經故世，不在本文討論之內。最重要的是1928年所公佈的三次。茲就這三次主要條文的內容加以研究，藉以明瞭中研院演變的痕跡和性質。

1. 與國立研究機構之不同

就前面所述，中研院是在1927年4月17日的中政會提出設立的，到了6月，蔡元培才在中政會提出設立大學區及組織大學院。可知設立中研院的提議在先，顯然欲使其為一獨立研究機關；但到著手籌備時，卻併入了大學院。由第一次公佈的「中華民國大學院中央研究院組織條例」名稱來看，中研院是屬於大學院的；大學院底下設有許多國立學術機構，如勞働大學、圖書館、博物院、美術館、觀象臺等，中研院也是其中之一，其地位與這些機關是平行的。茲將1927年7月4日國民政府最初公佈的「中華民國大學院組織法」列成組織系統表，以明中研院在大學院中的地位：

中華民國大學院組織系統圖 ^{註41}註41

中華民國大學院
院長
大學委員會

專門委員會
- 政治教育委員會
  - 政治訓育組
  - 社會教育組
- 教育經費計畫委員會
- 考試制度委員會
- 科學教育委員會
- 藝術教育委員會
- 華僑教育委員會
- 譯名統一委員會
- 體育指導委員會
- 其他專門委員會

秘書處（祕書長）
- 事務組
  - 庶務股
  - 會計股
- 文書組
  - 文書股

教育行政處（主任）
- 書報編審組
  - 審查股
  - 編譯股
- 國際出版品交換組
- 圖書館組
- 法令統計組
  - 法令股
  - 統計股
- 社會教育組
  - 政治訓練股
  - 校外教育股
- 學校教育組
  - 專門教育股
  - 普通教育股

國立學術機關
- 美術博物館
- 音樂院
- 自然歷史博物館
- 中央圖書館
- 中央研究院
  - 植物園
  - 動物園
  - 觀象臺
  - 心理學研究所
  - 社會科學研究所
  - 理化實業研究所
  - 地質調查所
- 其他國立大學
- 勞動大學
- 各省區中山大學

在1927年5月9日中政會議決設立中研院籌備處的同時，李煜瀛在該會中又提出設立局部或地方研究院之擬議，此即大學區中亦設研究院之張本。6月12日公佈大學區組織條例，其第四條為：「大學區設研究院，為本大學專門學術之最高機關。」大學院與教育部最大不同之處，即在領有中研院；大學區與教育廳最大的區別，也是在其有研究院的組織。由此可見蔡、李二氏是如何重視學術研究。當時大學區僅在江蘇、浙江、北平三區試辦，江蘇及浙江均因經費困難，直到取消時尚未設立研究院，只有北平大學區於1928年11月開始籌備研究院，1929年9月9日正式成立，名國立北平研究院；但北平大學區已先於同年7月29日移交河北省教育廳，完全結束。而北平研究院一直繼續到1949年6月大陸淪陷，方暫告結束。北平研究院最初曾擬為中研院分院，1929年8月6日行政院會議仍決議為獨立的機關。由教育部聘李煜瀛為院長，復由院長聘李書華為副院長。註42

事實上，蔡元培和李煜瀛之間，為了北平大學區的設立問題。因意見不同而發生不快。蔡鑒於在江蘇試行的結果，不能令人滿意，反對再在北平設立大學區；李則認為首都既在南京，北平應為教育與學術重心，故主張設立。最後蔡不得不讓步，在1928年8月16日大學院大學委員會通過設立北平大學區之翌日，即辭職出京。可見他對此事態度的堅決。註43到1930年11月教育部之改組，根據陳布雷的說法，就是由於蔡、李兩系之齟齬。時行政院長蔣中正鑒於教育部長人選之難求，乃自兼教育部長，而調陳布雷為常務次長，以調和教育界兩大勢力之間。註44

由北平研究院成立的情形看，似有與中研院分庭抗禮之意；儘管兩院皆為國立，但北平研究院仍係地方研究院性質，歸教育部管轄；中研院則直屬國民政府，其地位頗不相同。

中研院與當時其他附屬於中央政府各部會的研究機關，也不相同。前者為專門研究學術的機關；後者組織的動機，乃在應付其所屬機關的特殊需要，其工作偏重於實用方面者較多，理論方面者較少；工作範圍，亦以某種特定科目為限。

2. 與大學研究院的比較

中研院是獨立的研究院，與大學研究院的性質也不相同。蔡元培認為：

> 「大學研究院，既須兼顧教員、畢業生、高級生三方面之方便，故其所設研究所之門類，愈多愈善，凡大學各院中主要科目，以能完全成立最善，庶不至使一部分之教員與學生失望。」[註45]

中研院則是純學術研究工作者所組成的學術團體，其目的是為便利研究工作的進行和發展。至於大學，朱家驊以為：在學術研究之外，還要特別注意訓導培植青年學術研究工作者，尤其到了近代，大學中「教育」性質比「研究」的性質，更為明顯。[註46]大學稍偏於博大，而中研院稍偏於精深，其立意是不同的。

3. 獨立超然的地位

　　1928年4月10日修正之中研院組織條例，定名為「國立中央研究院」（第一條），「設院長一人，由國民政府特任之」（第四條）。這是中研院一次很大的變動，很顯然的已不再是大學院屬下的一個學術機構。1928年4月23日，雖然仍是特派蔡元培為國立中央研究院院長，但不再是以大學院長身份兼任，中研院至是似已脫離大學院而獨立，但在1928年4月11日第136次中央政治會議通過、於1928年4月19日由國府公佈大學院組織法的第二次修正文[註47]第十七條，仍是「大學院設中央研究院為全國最高之學術研究機關。中央研究院組織條例另定之。」而蔡元培仍作最後努力，又在中央政治會議提議「前隸各部院及其他團體之中央教育學術機關，應一律改歸大學院主管」，經決議照辦，國府於1928年6月9日令各部院遵辦。[註48]其中顯然仍包含中研院。由此也可看出蔡元培竭力在爭取中研院仍保留在大學院之內，不要脫離大學院而獨立。實則中研院雖在行政體系上仍然隸屬大學院，但已獨立於大學院之外。

　　儘管蔡元培努力爭取中研院保留在大學院下，但是由於各界對試行大學區的不滿，連大學院本身的地位也發生了動搖，遂於1928年8月17日呈辭大學院長之職，10月3日獲准，並以蔣夢麟繼任。（10月23日即改大學院為教育部）蔡元培則仍任中研院院長。在1928年11月9日公佈的中研院組織法第一條，即明定「中央研究院直隸於國民政府，為中華民國最高學術研究機關。」此時大學院已不存在，蔡元培最初創立大學院的理想，已歸破滅。既然已是時過境遷，他自然也無意再將中研院置在由大學院改組而成的教育部之下。國立中央研究院的名

稱，直到1954年12月28日公佈修正「中央研究院組織法」時，始刪去「國立」二字，且因時已行憲，乃明定中研院「直屬於總統府」，備總統對學術上之諮詢。

從中研院名稱的演變及所其所隸屬的機構看，由直屬於大學院、國府、而總統府，始終是獨立於教育部之外，保有一種特殊地位。

在民國成立之初，思想界就有一種超出政治之外的主張，[註49]如1912年，吳敬恆（稚暉）、李煜瀛等所發起的進德會會約中，即有「不作官吏」的條文。到了1921年，又產生了教育獨立的思想，不僅要求教育經費獨立。並主張教育立法、教育行政也要獨立。蔡元培更主張教育應脫離政黨與教會而獨立，實行超然的教育。

民初馬良等倡設「函夏考文苑」時，即表明「該苑不干政治，上不屬政府，下不屬地方。」[註50]此顯係受法國科學院的影響。而蔡元培在創設大學院時，也受了法國科學院的影響，將大學院完全超越出政治之外的。例如1928年8月，北平政治分會致大學院電，為白崇禧委員提議整頓學校教育，詢及大學、專門各校，該政分會有否指導監督之權一案時，大學院即決議：「政治分會不必有監督指導之權。如關於治安問題，當然有臨時處理之權。」[註51]就是一個很好的例子。同時，大學院院長之人選，亦由大學委員會決定之。此與法制由內閣總理提名、經總統任命者異。[註52]中研院在脫離大學院而成一獨立研究機關時，亦保有此種精神，院長由評議會推選三位候補人，呈請國民政府遴任。（在評議會成立前，係由國民政府特任之）其性質也和一般行政機關不同。誠如朱家驊所說：

「中央研究院是參考各國的國家學院的性質與形態，並斟酌我國的政制和需要而組成的。各國對國家學院，都超然組合，不涉行政範圍，用意是在尊重『學術自由』的原則，使其可以充分發展。」註53

綜上所述，吾人可以很清楚的看出：中研院自成立以來；儘管在組織系統方面；歷經變動；在組織內容方面，也屢加修改；但是其基本的性質與地位，則並未有所改變。

六、研究取向及對學術的貢獻

1.研究取向的剖析

蔡元培在〈國立中央研究院院務月報發刊詞〉中，謂中研院：

「就職責言，實兼學術之研究、發表、獎勵諸務，綜合先進國家之中央研究院、國家學會、及全國研究會議各種意義而成；使命重大，無須多述。」註54

根據該院組織法規定，其重要任務有兩項：（一）實行科學研究，（二）指導聯絡獎勵學術之研究。（第二條）前述所設各科研究所，就是在執行第一項任務。朱家驊說：

「現在各國國家學院，凡是其本國科學研究已經有了很好基

礎的，多數的祇居於領導和聯繫的地位，其本身亦在做研究工作的，反而比較少數。其實國家學院能於領導聯繫之外，本身也做研究工作，更可以使新興的科學研究事業，進步加速，收效加宏，像蘇聯的國家科學院，即其一例。[55]」

事實上，在中研院創立之初，當時國內的科學研究工作還沒有很好的基礎，科學人才，無論質與量均極貧乏，要想實行第二項任務——指導聯絡獎勵學術之研究，實有困難；所以不得不先由本身設研究所，做一點示範工作，期使社會各方面，能逐漸建立研究風氣，以促進科學事業和科學人才之全面發展；俟稍有基礎後，再實行第二項任務。

起初大學院之所以設立中研院，最重要的即為實行科學的研究與普及科學的方法，並以中研院為全國學術之中堅。[56]中研院之注重科學研究，除了表現在已設的各科研究所方面，尚可由該院的拉丁文名稱「A cademia Sinica」見出。胡適認為：

> 「這個洋名字的正確譯文應該是『中央科學研究院』。它『研究』的方向和對學術衡量的標準，亦以『科學』為依歸。」[57]

可是一般人對「科學」的觀念並不一樣，許多人對於「科學」的認識，到極粗淺的應用（科技）為止，其次也不過包括所謂自然科學，如物理、化學、生物、地質等。丁文江認為，所謂「科學」與「非科

學」，是方法問題，不是材料問題；只要用的方法不錯，都可以認為科學。[註58]蔡元培也特別強調介紹別人科學的結論，決不如介紹科學的方法為重要，他曾說：

> 「近雖專研究科學者與日俱增，而科學的方法，尚未為多數人所採用，科學研究機關更絕無僅有。蓋科學方法非僅僅應用於所研究之學科而已，乃至一切事物，苟非憑藉科學，明辨慎思，實地研究，詳考博證，即有所得，亦為偶中；其失者無論矣。」[註59]

他在為別人的著作寫序時，曾數次引述呂洞賓：「點石成金」的故事說明此點。他以為科學的結論，是點成的金，量終有限；科學方法，是點石的指，可以產生無窮的金。所以得到了方法，才能引起研究的興趣。

　　注重科學方法，是中研院在從事研究工作時的基本原則；其研究取向，實際的情形如何？有兩個重要文件，可作為剖析之資：一為丁文江所撰：「中央研究院的使命」；[註60]一為「國立中央研究院進行工作大綱」，[註61]此為1936年4月16日蔡元培在第一屆評議會第二次年會中的演說詞，經評議員一致通過作為該院「工作大綱」。內中所述，誠如蔡元培所說：

> 「足以概括本院工作進行之綱領，並為此後進行之方針。此非假設之理想，乃歸納數年來經驗之方案也。」

在上述兩個文件中，很清楚的可以看出中研究院各所從事研究工作的內涵。茲分析如下：

(一)常規或永久性質的研究（routine service）。如天文研究所的推算曆本、研究變星、數日中黑子、測量經緯度及時間，氣象研究所的觀測溫度、氣壓、風度、雨量、預告未來天氣，化學研究所的普通分析，工程研究所的標準試驗，物理研究所的地磁測量，地質研究所的測繪地質圖，以及動植物研究所採集標本皆是。嚴格的說，這不能算是研究工作，但是這是許多研究工作的基本，而且往往要經過長期的時間方始得到結果。這種工作，在任何國家都是政府來直接擔任，不必一定與學術機關發生關係。擔任這種任務的機關，往往是獨立的。在中國卻偶然的容納在中研院之下。中研院之所以包涵此類工作，「工作大綱」的解釋是：

> 「一方固為社會作此項經常服務，而祈求其正確；一方亦因此類工作聚集研究之資料，既便於所內若干純粹研究，又可供人之研究也。」

同時，要利用中研院特殊的地位，使做這種工作的機關，互相聯絡，互相援助，一切的工作合理化，合作化，可以以最少數的經費來做最大量的任務。朱家驊則對此曾持不同的看法。他以為：

> 「凡屬於服務性質者，不宜由院設所研究，因為這種服務性的機構，本身雖亦有其研究工作，但因屬於行政範圍，發生

衝突，在所難免，辦理頗不容易。」[註62]

並舉氣象所與氣象局事為例以說明。以名義論，氣象研究所雖為純粹研究機關，以職責論，則實兼有中央氣象臺之任務。氣象所認為類似氣象局工作，由所兼辦，財力不勝負擔，乃於1939年春，由第一屆評議會第四次年會建議政府另設全國氣象局。但為研究便利，必須局與所能密切聯繫，故局長由中研院推薦。後來雙方合作並不理想。

像這種常規性的工作，彼此分工合作則可，重複衝突就不免於浪費精力和物力。

(二)應用科學的注重。當初中研院最重要、最有實用的職務，即「工作大綱」第三項所云：

> 「對於各項利用科學方法以研究我國之原料與生產諸問題，充分注意之；其為此時國家或社會所急需者，尤宜注意。」

照丁文江的解釋：

> 「在我們工業落後的國家，要自己有新異的發明是極不容易的。然而我們有我們特殊的天產，傳統的技能。假如我們先徹底瞭解我們的原料的質量，生產的原理，很容易利用科學方法來改良舊的工業，或是開發新的事業。」

各所在這方面所做的工作很多，如工程所之棉紡織染實驗，用科學方

法改進紡織染製造事業，研究江、浙、閩、贛等省的陶土及釉料，參用機械以謀陶磁業的復興，鋼鐵及玻璃之試驗，以及受外間委託代製物品、試驗材料、鑒察機件等事；地質所之各省地質、鑛產調查，研究各種鑛產的質量、地層、構造和成因，期為開發資源之助；化學所浙江平陽明礬石（Alunite）之工業利用，中國天然藥材之研究，抗戰期間應用「相則」於川滇井塩之研究等，均係根據此項主旨進行。以科學應用之試驗結果，供之社會。科學本身之需要與國家之需要，兩相兼顧。

就以上兩項任務而言，中研院的研究工作，似乎偏重在應用方面；實則從事應用方面的研究，只是其工作的一部份，「工作大綱」中明定對純粹科學與應用科學是兼顧的：

> 「科學研究，本不當專以應用為目的，若干具有最大應用價值之科學事實，每於作純粹科學研究時無意得之。……自另一點看，亦有甚多科學，具以實際應用的需要而發展。純粹科學研究之結果，固多為應用科學之基礎，而應用科學之致力，亦每為純粹科學提示問題，兼供給工具之方便。故此二事必兼顧然後兼得。若偏廢或竟成為遍廢。況若干利用科學之實際問題，為此時國家及社會所需要者，不可勝計，本院允宜用其不小部份之力量從事於此。」

關於純粹科學與應用科學，是討論已久的問題，丁文江認為：

「『純粹』與『應用』根本無從分別的。許多——或者是大多數的——科學的應用是發端於所謂『純粹』的研究。這種例舉不勝舉。……科學是整個的，本無所謂『純粹』與『應用』。與其說應用的科學，不如說科學的應用。」

朱家驊也說：

「以科學家立場論之，科學本無所謂純粹應用之分，其所採取之研究方法，根本相同。不過其所研究之問題不同而已。應用科學，即純粹科學之應用，而純粹科學，亦每因應用科學擴充其範圍，增加其問題。故應用科學之研究，遇有重大問題，每有待於純粹科學之研究，為之解決者。且純粹科學的研究，往往在獲得新知識之後，可以產生新工業。」[註63]

直到1976年7月28日中研院所舉行的第12次院士會議中，仍然對此問題有過廣泛的討論。多數的院士都強調純粹科學的重要，甚至以「不養母雞就沒雞蛋」的事例加以說明；但也不反對應用科學，因為由於應用科學，才能支持理論工作。[註64]

以上說明了應用科學，實亦輔助純粹科學之發展。不過，丁文江儘管說「純粹」與「應用」根本無從分別，但也認為當時中研院的工作，應當相當的偏重應用方面，他所持的理由是，所謂「純粹」研究，往往不易得到相當的結果。研究沒有結果，在中研院專做研究的人就不容易「交差」。

事實上，在蔡元培主持中研院時，正值十年艱苦建國時期，國家需要建設事項的專門知識極殷，國人對中研院的期望甚大，該院自應盡其能力，推廣科學之應用，以期能普遍科學風氣於全國，促進科學的迅速發展。

「工作大綱」又云：

> 「凡科學發達之國家，皆可於應戰時召集其國內作純粹科學研究者，臨時變作為國家軍事技術服務之人。本院同人，準備於如此機會之下，用其技術的能力，盡其國民的責任。在準備過程中，本院之個人及集體，自當隨時應政府之需求，供獻其技術的能力。」

在抗戰期間，中研院除了從事純粹學術研究外，並為適應當時的急切需要，也多注意有關抗戰建國各項實際問題之研究工作。如物理所研究「超短波收發機之製造」，作為流動通訊之用；工程所從事內燃機及燃料之研究；社會科學所受經濟部委託，進行「戰時物價變動研究」，受軍事委員會參事室委託，進行「我國抗戰損失估計」等，確已盡到了他所應盡的職責。又如地質所從事山嶽地帶礦產地質之調查與研究，在廣西發現鐵礦與煤礦，在湘西發現金礦，在抗戰時期物資極度缺乏的情形下，此舉貢獻尤大。

(三)純粹科學、人文及社會科學的研究。上述兩種使命——執行常規性的研究和解決工業上的問題——容易立見功效，是大家都可以承認的。此外，中研院還有許多工作，一部份是沒有直接經濟價值的，

如所謂「純粹」科學研究的物理和化學；（上面所討論「純粹」科學的話，大部份可以應用到這裏來，不贅。）一部份是完全沒有經濟價值的，如與文化有關係的歷史、語言、人種、考古等人文及社會科學。「工作大綱」對後者的看法是：

> 「若干應用最廣，收經濟價值最大之技術事業，其所憑藉之最初步科學研究，表面上每屬於純粹科學之微細題目。即至若干科學研究，毫無經濟價值，且永無應用可言者，如不少人文科學之問題，果能以事理之真，布之世人，開拓知識之領域，增加對於人文進化之瞭解，其影響縱屬遲緩而間接，其功效有時乃極巨大。」

1944年3月8日，朱家驊在中研院第二屆評議會第二次年會的開幕詞中，特別呼籲：

> 「吾人不應忽略科學之社會功用，故於計劃將來科學研究之方針，自須同時同樣重視社會科學與人文科學之發展。」

因為：

> 「科學在三百年來給予人類之影響，使吾人得一觀念，即此工具——科學——善為運用，誠可增進人類幸福；不善運用，亦能毀滅人類。此次世界大戰，德、日之使用科學，以遂其征服世界之野心，正使人類備嘗科學誤用之苦。」[註65]

對從事這幾種探本求源之科學研究的人，丁文江認為還有一個絕大的使命：

「中國的不容易統一，最大的原因是我們沒有公共的信仰。這種信仰的基礎，是要建築在我們對於自己的認識上。歷史和考古是研究我們民族的過去；語言人種及其他的社會科學是研究我們民族的現在。把我們民族的過去與現在都研究明白了，我們方能夠認識自己。……用科學方法研究我們的歷史，纔可造成新信仰的基礎。歷史如此，其他也復如此：瞭解遠東各民族根本是無大區別，有測量可證；瞭解各種方言完全是一種語言的變相，並且可以找出他們變遷的規則；瞭解中華民國是一個整個的經濟單位，分裂以後，無法生存；然後統一的基礎纔建設在國民的自覺上！」

其重要性於此可見一斑。如由傅斯年主持的歷史語言研究所，所從事的就是研究我們民族的過去與現在的工作，從而喚醒了中國學人最高的民族意識。

(四)與教育事業的關係。由於中研院是學術研究機關，並非教育機關，所以未能分其大部分力量從事於與學術研究無關或所關甚少之教育事項。（「工作大綱」）因此，教育家吳俊升在其〈教育生涯一周甲〉的回憶錄中；認為輕視教育學科，乃是過去歐美大學文理科教授的一般成見，教育學在中國亦處於不利的氣氛中，他說：

「我到北大時，在學術氣氛中教育並非被重視的學科，教育系也只是聊備一格的學系。雖然當時的校長蔣夢麟先生為國內所推重的教育專家，但是校內有力的人物，如傅斯年教授便是不重視教育學的一位學者。他曾寫文譏刺教育不成為一種學術！……胡適之先生也不是太重視教育學的。」註66

從而對中研院至今未設立其組織法中所規定的「教育研究所」，認係受傅、胡兩人的影響，而表示遺憾。

中研院之迄未設立教育研究所，其原因是否全如吳氏所言，容有值得商榷之處；但該院之研究工作，在教育上仍有其影響。因為研究之結果，固可為一般的擴充知識之資，而研究工作所樹之標準，又可為提高高等教育水準之用。尤其是各所的助理員，係選拔大學畢業生，予以長期的培植訓練者，若經各大學吸收為師資，其根柢自較大學畢業後未經此訓練者深厚。事實上，由中研院歷年總報告所記人事的變動資料中，得知該院的研究人員轉至各大學任教者，為數不少。又中研院成立之初，為使院中研究人員專心研究工作，規定不得在外兼課。到1936年朱家驊接任總幹事後，認為：

「研究人員如不在大學教書，則不易明瞭大學情形，尤其不易物色後進，而且當時各大學師資缺乏，本院殊不宜羅致許多人才，不與外界聯繫合作。故我接事後，在院務會議提議，依照政府公教人員規定，研究人員，可在各大學兼課四小時以內，並可利用本院設備，招收研究生，自己造就人材。」註67

此舉對高等教育師資方面的幫助尤大。

(五)學術自由的原則。中研院雖是國家最高的學術研究機關，但從來不利用他的地位去統制一切的研究工作。丁文江說：

> 「國家什麼東西都可以統制，惟有科學研究不可以統制，因為科學不知道有『權威』，不能受『權威』的支配。……中央研究院只能利用他的地位，時時刻刻與國內各種機關聯絡交換，不可以阻止旁人的發展，或是用機械的方法來支配一切研究的題目。」

這是中研院最重要的原則。例如1937年5月首屆評議會舉行第3次年會時，討論「調查國內學術研究專業，以為製作全國學術上合作互助方案之基礎」等案時，特別強調此項方案，只是供人參酌採用，決無強人以必行之意；並說明各機關對於自身工作仍各有自身職權，不受他人之干涉。[註68]因為蔡元培一向主張學術研究自由，他不僅不統制其他學術機關的研究，對該院各所的研究工作，也充分顧及到所謂「學院的自由」。「工作大綱」解釋云：

> 「西洋所謂『學院的自由』，即憑研究者自己之興趣與見解，決定動向，不受他人之限制之原則，仍應於合理範圍內充分尊重之。蓋學院自由，正是學術進步之基礎也。……就中央研究院之立場言，更宜注意科學研究之自由精神，自不待言。」

這項一貫的方針，中研院一直到現在仍然遵守不變。如錢思亮院長在
1976年7月第12次院士會議中答復某院士說：

> 「本院只是希望各位同仁努力去研究，並未限制某所或某人
> 只能作某方面研究，每位同仁都能享受其研究之自由。」

經濟研究所所長于宗先也在會中說明該所之研究工作：

> 「完全就同仁個人興趣之所及，院及所均不作任何干涉。」[註69]

　　漢朝的董仲舒，下帷講授，曾三年不窺園。中研院也不乏以研究
為終生事業的學者。以歷史語言研究所為例，如李濟，1928年10月到
所【1979年8月1日逝】、陳槃，1928年9月到所【1999年2月7日逝】、芮
逸夫，1930年9月到院【1991年7月7日逝】、石璋如，1932年7月到所
【2004年3月18日逝】、高去尋，1935年9月到所【1991年10月29日逝】
等，至今仍然固守著自己的崗位，在繼續從事研究工作。這種終生專
心壹志、潛心於學術的專業精神，固然是由於個人的深嗜篤好所致，
而中研院予以充分的研究自由，當亦為重要因素之一。

　　由於中研院的研究人員，多注重個人的研究，各人在自己的範圍
內越研究越精深，深入的結果，往往自己很有興趣，至多只能為同行
的少數人所欣賞，而無法為一般大眾所瞭解。因此，難免會引起外界
一些不必要的誤解，不無遺憾！

2. 對學術貢獻的抽樣評估

　　要想對中研院在學術上的貢獻作一評估，有兩重最大的困難：一是資料的缺乏，一是個人能力的不夠。就資料方面言，作為評估最可靠的基本根據，當然是各研究所歷年來的研究結果——所刊行的出版品。由於1949年播遷來臺的只有歷史語言一個研究所及半個數學研究所，其他各所連同其檔卷及出版品，此間均蕩然無存。唯一能找到一點線索的，是歷史語言研究所所保存的中研院歷年的「年度總報告」。（1936年度的亦付闕如）再者，即使各所的出版品完全找到，因為所涉範圍太專，筆者亦無能力予以正確之評估。現在只能從一些不太完全的「年度總報告」中，將各所出版品的種類作一大概的統計，並徵引一些評論性的資料，以說明其貢獻所在。

　　中研院的每個研究所，大都有自己的刊物，作為本所同仁發表研究成果的園地。主要的分，其名稱約有：集刊（Bulletin of……）、專刊（Monographs of……）及叢刊（Transactions of……）等。各研究人員的研究成果，除在本所的出版刊物中發表外，尚有因文字之性質或其他關係，發表在國內外其他學術性刊物或報章雜誌者，為數亦相當可觀。如社會科學研究所曾自作統計，1935年度在所外發表之論文，重要者有25篇，[註70]1936年度有34篇。[註71]在其他各所的報告中，也偶有記載，但不完整。茲舉數所之出版品及在所外發表論文之主要刊物，列表於下：[註72]

所別	本所出版品名稱	在所外發表主要刊物名稱
物理研究所	集刊	1.中國物理學報 2.美國Physical Review
化學研究所	1.研究報告 2.工作報告	1.中國化學工程雜誌 2.中國化學會會誌 3.美國化學會會誌（J. Amer. Chem. Soc.） 4.德國化學會會誌（Ber. d dtsch. Ges.） 5.德國纖維化學雜誌（Cellulosechemie）
氣象研究所	1.專刊（集刊） 2.氣象季刊 3.氣象月刊 4.氣象年報 5.叢刊 6.紀念刊	1.「科學」雜誌 2.地理學報 3.科學世界 4.氣象雜誌
心理研究所	專刊	1.中國生理學雜誌 2.中國動物學雜誌 3.法國生物學會會報 4.法國國際藥物學雜誌
地質研究所	1.專刊（分甲乙兩種） 2.中文集刊 3.西文集刊 4.叢刊 5.地質研究所簡報 6.地質研究所臨時報告 7.地質圖及其他刊物	1.地質評論 2.北京大學地質會誌 3.兩廣地質調查所年報 4.中央地質調查所彙刊 5.中國地質學會會誌 6.江西地質調查所彙刊 7.福建建設廳地質專報 8.武漢大學理科季刊
社會科學研究所	1.叢刊（1936出至第11種） 2.社會科學雜誌季刊（1936已出至8卷2期） 3.專刊 4.中國近代經濟史研究集刊（半年刊，1936出至4卷1期，自1937改為季刊，並改名為中國社會經濟史研究集刊） 5.北平生活費指數月報（自1929年1月起，至1937年已出至8卷6期	1.天津益世報「史學」 2.中央日報「史學」 3.大公報 4.東方雜誌 5.天津益世報「農村周刊」 6.銀行週報 7.獨立評論

由於資料所限，上表所列，只是舉其大要而已。至於各出版品中，究竟發表了多少篇論文，實難作詳細之統計。不過，由以上粗略的估計，仍可以約略看出一點普通的現象，那就是各所在最初的13年中間，確已發表了不少學術性論著，其中如物理、化學及工程等研究所，除了本身的研究工作外，還要應付各界大量的委託或代辦工作，如物理所代製高中物理實驗儀器、代為修理或設計各種儀器；化學所代為化驗或檢查物品；工程所代製物品、試驗材料及鑒察機件，幫助上海許多小工廠，解決技術問題，並審查國人新的發明事項等，都要佔去不少時間。緣中研院成立之初，外界多不明瞭其性質，類似這種技術性的服務，本非一個國家學院所應做，但中研為普遍科學風氣於全國，使人民接受科學知識，以求科學迅速發展起見，仍然盡力而為。

　　在中研院成立前，我國在科學方面已經著有成績，奠下良好基礎的是地質學。照任鴻雋的說法：

> 「其原因，是因地質調查所成立最早（1912年），而最初主持所務的幾位地質學家（如丁文江、翁文灝），又是有計劃、有遠見的領袖人才。」[註73]

在中研院籌設地質所時，即聘請翁文灝、李四光、朱家驊、諶湛溪、李濟、徐淵摩等為籌備委員，並以李四光為所長，分途聘請人才，添購設備，又與平北地質調查所合作，積極展開工作。如在地質調查所領導古生物學研究的美國哥倫比亞大學教授葛利普（A. W.

Grabau），也於1928年9月應聘為地質研究所的兼任研究員，給予該所不少協助。由於地質學的研究在我國已有基礎，而地質所所聘請的人，又多為地質學界知名之士，所以其研究成績迅即贏得國內外人士的重視，使地質學成為近代中國科學史上最有成就的一門科學。

再如社會科學研究所的研究工作，原分民族、法制、經濟、社會四組進行，民族組不久改歸歷史語言研究所，法制研究則因研究人員缺乏中止進行，故其工作集中於社會及經濟兩方面之研究，而尤重在經濟方面。[註74]1934年7月，將中華教育文化基金董事會所主辦之北平社會調查所合併於該所，並由中基會補助經費，得以延攬人才，提高水準。該所在從事社會、經濟調查方面，既深入又廣泛，亦深為國人所推重。

在現存各所的資料中，最為完整的是歷史語言研究所，其所印行的各種出版品也最多。茲將其自1928年至1940年間——也就是蔡元培任院長期間，已印行者統計如下：[註75]

出版品＼年份	集刊		專著		單刊		史料叢書		其他刊物	集刊外編		中國考古報告集	人類學刊		中國人類學誌		影印流傳書籍
	本及分數	論文篇數	期或本數	論文篇數	甲種本數	乙種本數	種類及數目	本數	種數	種數	論文篇數	種數	期數	論文篇數	種數	本數	種數
1928	1:1	8															
1929			1期	7													
1930	1:2-4 2:1-2	38	1期	8	4	2	A B甲	14	2								
1931	2:3 3:1-2	22	1期 5本	5	1		B甲 C	61									
1932	2:4 3:3 4:1	25	1本		3		D	2									2
1933	3:4 4:2	15	1期	11	4		E	1		F上	16						
1934	4:3-4	12	1本		1							1					
1935	5:1-4	26	2本							F下	19						
1936	6:1-4 7:1-2	32	1期 2本	6		1	B乙 B丙 E補	10 10 1									
1937	7:3	5	1本			1											
1938	7:4	7	1本										1	6	1	1	
1939	8:1-4	25		1							1						
1940				2	1						1						
合計	8本 32分	215	18	37	16	5	5	36	4	1	35	1	1	6	1	1	2

　　由上表可知，在短短的13年間，歷史語言研究所刊行學術性的論著有8大類，共79本，其中除單本的專著外，含有論文293篇；編纂及影印的史料有7種38本。從這一數字，至少可以見出該所研究工作的辛勤。

　　中國雖是幾千年來史籍最完整的國家，但對史學的研究，尤其是在方法上，一直沒有什麼進步。自從傅斯年主持歷史語言研究所以後，他即立志為史學開闢一個新的途徑，就是用科學的方法來從事研究。他把歷史學、語言學和自然科學一樣看待，主張用新的工具、新的材料，研究新的問題。誠如朱家驊所說：

> 「廿餘年來，中國歷史語言學所以能樹立一個相當的基礎，和本院歷史語言研究所所以能博得國際間的讚許，他領導研究的力量，實不在小。」[註76]

傅斯年的最高目標是以該所為大本營，在中國建立起「科學的東方學正統」。這一號召是具有高度的鼓舞性的。所以能在很短的時間內，聚集了許多位專家學者，運用現代學術工具從事集體研究，而獲得輝煌成就。例如安陽與城子崖的發掘，曾震驚世界；而明清史料與集刊、專刊，也在不斷的刊布出版。其影響所及，使國內其他公私立學術機關，也紛紛用他們的學報、期刊與專著，參加了中國歷史科學化的運動。[註77]

　　中研究各所的研究工作，有一個最大的共同之處，那就是不僅在從事西方科學新知的介紹與傳播，並特別注意到本土化科學的研究，

以及傳統文獻的整理與闡述。郭正昭在討論「中國科學社」的學術貢獻時指出：

> 「『中國科學社』」以集體的力量來共同推進科學，尤其是有地域性的科學更密切地結合上中國的實際情況，這是中國科學社所以表現卓絕貢獻的主要原因所在。這種本土性的研究，使中國科學社體認到整理中國文化遺產的重要。他們闡述中國文化遺產中的科學成分，是基於嚴格的學術紀律，都能從比較的方法的基礎上去推求客觀的結論，帶著深刻的批判性，絕非盲的，情緒化的自我頌揚。他們一方面虛心接受並介紹西方的科學理論，把這一科學理論本土化，但另一方面也不因十六世紀以來中國科學的停滯落伍，便漠視傳統文化，輕視自己的歷史地位。……科學救國的思想與民族復興的信念溢於文表，令人想見這群科學家以國家興亡為己任的志向與氣魄。」[註78]

這一段話，如果借用來解說中研院各所的研究工作，亦無不妥。一國科學的發達，總不免有地方關係的在先，有世界性質的居後。因為從事有地域性之研究，係就地取材，比較方便，而且與切身利益有關，自然容易產生濃厚的興趣，很快收到較大的效果。地質學與生物學在我國所以最早發達，其主要原因之一便是因為帶有地方性質。「工作大綱」在定各所研究工作程式時，也注意到這點，故特別說明：

> 「有地域性之研究，吾人憑藉大優於外國人，若吾人放棄，
> 轉受國際間之合理的責難者，宜儘先從事。」

在這一方面，中研院的確在做了不少的事。

七、各處、所領導人物的探討

一個學術研究機關的領導人，固然自己要具備淵博的學識與優越的行政能力，但更重要的是能夠廣為延攬人才。蔡元培自言「性近學術，不宜政治」，但他有一最大長處，就是善找幫手，並且完全信任他的幫手，所以在事業上都能順利推展，而不需事必躬親。例如民元（1912）任教育總長時，以長於才能、且富實際經驗的教育家范源廉（靜生）為次長，他說：

> 「我偏於理想，而范君注重實踐，以他所長，補我之短。」[註79]

兩賢相濟，真是難得的理想配合。又如任北大校長時，則以蔣夢麟任總務長，助理校政，傅斯年曾說：

> 「夢麟先生學問不如蔡孑民先生，辦事卻比蔡先生高明。」[註80]

在大學院時代，他最得力的助手為楊銓。楊任教育行政處主任，旋改任副院長，有雙管齊下之才。蔡元培說：

> 「我素來寬容而迂緩，楊君精明而機警，正可以他之長補我之短。」註81

凡此，均足證他知人善用，使人才與機構，均能極度發揮其效能。

在蔡元培主持中研院的12年多中，先後曾在該院工作的人員，據最保守的估計，當不下300人。由於資料不全，無法找齊所有參與工作者的名單，作全面性的分析。本文只列舉其歷任總幹事及各所所長，作抽樣討論。總幹事及各所所長，在中研院是居於領導地位的核心人物，對於院務的發展擴充，他們實扮演著極為重要的角色。蔡元培因為年事已高，不勝繁劇，在抗戰前長住在上海，抗戰開始後即遷居香港，實際統贊全局的則是總幹事，甚至連院務會議也多半是由總幹事召開的，總幹事可以放手去做，蔡元培以院長的地位，只幫忙而不干涉。總幹事是院內實際行政的中樞，傅斯年曾說：

> 「中研院設總幹事一職，本是『內閣制』。」註82

一語道出其地位的重要性。至於各所所長，則是真正推動各所研究工作的主持人。翁文灝說：

> 「蔡先生主持中央研究院的主要辦法，是挑選純正有為的學者做各研究所的所長，用有科學知識並有領導能力的人做總幹事，延聘科學人才，推進研究工作。他自身則因德望素

孚，人心悅服，天然成為全院的中心。不過他只總持大體，
不務瑣屑干涉，所以總幹事各所長以及幹部人員，均各能行
其應有職權，發揮所長。」[註83]

蔡元培雖然是「德望素孚」，但在行政方面的肆應，則非其所長，傅
斯年對他的辦事，就說過「真不敢恭維」的話。[註84]正因如此，更可以
看出總幹事及各所所長在中研院的重要性。

　　在蔡元培主持中研院期間，先後擔任總幹事的有4人，擔任各所
所長的有15人（代理者不計），共18人。（其中任鴻雋係以總幹事兼所
長）茲將這18人的出身、經歷及著作，列表於下，並作一簡單分析。

姓名	任期	最高學歷	重要經歷	主要著作	備考
楊銓（杏佛）	1928.1～1933.6	美國康乃爾大學機械工程學士、哈佛大學商學研究院碩士	南京臨時政府總統府秘書、中國科學社理事、科學月刊總編輯、東南大學工科教授、上海政治分會委員、大學院教育行政處主任、旋改任副院長	杏佛文存、楊杏佛講演集（商務,1927）、文章構造法（上海文華美術圖書公司,1933）	1933.6.18.卒，由物理所長丁燮林兼代總幹事
丁文江（在君）	1934.5～1936.1	英國蘇格蘭葛拉斯哥大學動物學及地質學雙科畢業	地質調查所所長、北京大學地質系教授、北票煤礦公司總經理、淞滬商埠督辦、獨立評論編輯	動物學（商務1914），Geology of Yangtze Estuary Below Wuhu.（上海濬浦總局出版，1919）鑛政管見附修改鑛業條例意見書（地質調查所，1920）、民國軍事近紀（商務，1926）、徐霞客年譜（商務，1928）、中國官辦鑛業史略（地質調所，1928）以及在地質學會會誌、獨立評論、努力週報等論文極夥。	1936.1.5病故，由丁燮林兼代總幹事
朱家驊（騮先）	1936.6～1938.12	德國柏林大學地質學博士	北京大學教授及系主任、中山大學地質系教授兼系主任、中山大學副校長及校長、兩廣地質調查所所長、中央大學校長、教育部長、交通部長、浙江省政府主席、國民政府委員、考試院副院長、行政院副院長	Untersuchung des Kimmidge-Kalksteins des" Langenberges bie oker im Harz" Berlin(1922)、Die Entstehung des Kalksteins. Berlin(1923)	1937年由史語所所長傅斯年代理
任鴻雋（叔永）	1938.12～1940.10	美國哥倫比亞大學化學碩士	南京臨時政府總統府秘書、中國科學社董事及理事、北京大學教授、教育部專門教育司司長、東南大學副校長、中華教育文化基金董事會祕書、董事及幹事長、四川大學校長	科學概論、科學與科學思想發展史（譯）以及論文多篇，散見於科學雜誌及獨立評論	兼化學所所長

所別＼所長	姓名	任期	最高學歷	重要經歷	主要著作
物理	丁燮林（巽甫）	1928.1～1947.7	英國伯明罕大學理科碩士	中央大學及北京大學物理學教授	初級物理實習講義（商務，1930）西林獨幕劇（現代評論社，1925）高中物理實驗（開明，1941）
化學	王璡（季梁）	1928.1～1934.6	美國理海大學畢業及科興學院畢業	東南大學化學系主任、中央大學理學院長、中國科學社理事	「電位及電導適定分析及其在測量金屬上之應用」（論文）、「宜興陶業之初步化學觀察」（中研院報告1931），科學教授法原理（譯）
化學	莊長恭（丕可）	1934.7～1938.4	美國芝加哥大學博士	東北大學化學系教授兼主任、德國葛廷根大學及明興大學化學系研究員、中央大學理學院院長兼中華教育文化基金董事會研究教授	論文十五篇，見「國立中央研究院院士錄」第一輯。（1948.6編印）
化學	任鴻雋（叔永）	1938.11～1942			
工程	周仁（子競）	1929.1～1947	美國康乃爾大學機械工程碩士	四川鋼鐵廠總工程師、南洋大學教授兼教務長、中央大學工學院院長、中國科學社理事	Effect of heat treatment on the microstructure and cngineeing properties of certain low-alloy steels. (1915)、Making of tool steel directly from Chinese native charcoal iron in electric furnace. 鑄鐵鑄鋼之研究與試製（中國工程師學會第六屆年會論文專號，1937.2月）

地質	李四光 （仲揆）	1928.1～1949	英國伯明罕大學科學博士	北京大學地質系教授、系主任、中國地質學會理事長	古生代以後大陸上海水進退的規程（地質研究所集刊6期，1928）、冰期之廬山（地質研究所專刊，1937），The Geology of China, Thomas Murdry & Co. London, (1939),地質力學之基礎與方法（中華，1947）及論文多篇。
天文	高魯 （曙青）	1927.6～1929.2	比利時布魯塞爾大學工科博士	中國天文學會及氣象學會會員、北京中央氣象台台長、中國氣象學校校長、大學院祕書、駐法公使	最近歐洲外交史（商務，1933）、相對論原理（天文學會，1922）、相對簡論、星象統箋（中研院天文所，1933）
	余青松	1929.7～1949	美國加州大學哲學博士	廈門大學天文系主任、南京紫金山測候所所長	
氣象	竺可楨 （藕舫）	1928.1～1946.12	美國哈佛大學哲學博士	東南大學教授、浙江大學校長、中國科學社社長、中國氣象學會會長	中國之雨量（中研院氣象所，1935）、中國之溫度（中研院氣象所，1940）以及論文多篇
歷史語言	傅斯年 （孟真）	1928.4～1950	英國倫敦大學及德國柏林大學研究	中山大學教授兼文科學長、北京大學教授、中研院總幹事、臺灣大學校長	東北史綱（中研院史語所，1932）、性命古訓辨證（中研院史語所，1940）及論文多篇

心理	唐鉞 （擘黃）	1929.1～1933	美國哈佛大學哲學博士	北京大學心理學教授、清華大學心理學系主任	唐鉞文存（商務，1925）、國故新探（商務，1926）、素食對於白鼠的學習能力之影響（中研院心理所，1932）
	汪敬熙 （緝齋）	1934～1947	美國霍普金斯大學博士	中山大學教授、北京大學教授及動物系主任、聯教組織自然科學組主任	科學方法漫談（商務，1938）、行為之生理的分析（獨立出版社，1944）、出汗的神經管制，及論文多篇
社會	楊端六	1928.10～1929 自1929年度起蔡元培、楊銓、傅斯年曾分別兼代所長	英國倫敦大學肄業	商務印書館會計科長、中研院會計主任、武漢大學經濟系教授	信託公司概論（商務，1922）六十五年來中國國際貿易統計（中研院社會所，1931）
	陶孟和	1934.4～1949	英國倫敦大學經濟學士	北京大學教授、中華文教基金會社會調查所所長	社會與教育（商務，1922）、孟和文存（亞東，1928）、中國勞工生活程度（中國太平洋國際學會，1931）、北平生活費之分析（社會調查所，1930）
動植物（1934年7月由自然歷史博物館改組）	王家楫 （仲濟） （博物館主任原為錢天鶴及徐韋曼）	1934.7～1944	美國賓州大學哲學博士	中央大學生物系教授、中國科學社理事、自1944年起，動植物研究所分為二所，專任動物所所長。	南京之變形蟲、廈門原生動物之調查、希種新種織毛蟲報告

在上述18人的主要資料中，不難窺知其活動的歷史以及其所代表的歷史意義。他們在教育背景方面，有一個共同的特徵，即都是留學生，而且學有專長。其中留學美國及英國者有16人，佔絕大多數。得有博士學位者八人，而被西方學者譽為「中國的赫胥黎」之丁文江，以及主持史語所聲譽卓著的傅斯年，並不在內。於此可見蔡元培之任用人才，學位不是主要的條件，他所考慮的最重要的因素，乃是否具備專業訓練及優越的研究潛能，因為他自己也是留學國外多年，從來不汲汲於學位獲得之一人。他認為只要經過專業訓練而又有濃厚研究興趣者，一定可以有所成就。

由於中研院的任務之一是實行科學研究。其所設各研究所又多為自然科學範圍，所以聘請的專業學者中，也多是主修自然科學的。於此，有一值得注意者，即中國科學社的重要社員大多應邀到中研院參加工作，如4任總幹事中有3位（楊銓、丁文江、任鴻雋）為該社社員，15位所長中，有5位（王璡、周仁、任鴻雋、竺可楨、王家楫）為該社社員。在中研院成立前，科學社在中國是最有影響力的科學團體，他們舉辦了很多事業，如發刊雜誌、著譯科學書籍、編訂科學名詞、設立圖書館、研究所及博物館、組織科學旅行研究團、並派代表參與國際科學會議等。因此，當時被目為中國發展現代科學的拓荒者。由於蔡元培對科學社在精神或物質方面，都曾提供過重大的協助，共曾擔任過該社董事會的董事及南京社友會的理事長等職務，所以當他在1927年籌設大學院及中研院時，科學社的社員也都盡力相助。中研院既為全國最高科學研究機構，科學社的社員，由於志趣相同，所以加入工作者很多。除上述總幹事及所長外，如胡適、翁文灝、趙元任、胡剛

復、秉志、胡先驌，也都是科學社社員，而先後在中研院工作過。其中楊銓、趙元任、胡適、周仁、秉志、和任鴻雋等，且為該社的原始發起人。中研院在抗戰前所以能順利發展，與這些極具開拓性和影響力的先驅之大量參加，是有著很大的關係的。[註85]

在上述4位總幹事及15位所長中，自中研院創辦之初即參與籌備工作的有15人；楊銓、朱家驊、李四光、丁燮林、周仁、楊端六、陶孟和、唐鉞、汪敬熙，傅斯年、高魯、竺可楨、余青松、任鴻雋、王璡。[註86]只有丁文江、莊長恭及土家楨是成立後才參加的。就最重要的幾位總幹事言，創辦期間，以楊銓的貢獻最大，他在任6年之中，為院事竭智盡忠，奔走接洽，備嘗艱苦，各研究所得以次第成立。「楊杏佛先生略傳」曾云：

「研究院之得有今日者，蔡先生之功，亦君之力也。」[註87]

誠非虛語。自楊銓逝世後，一時院務頗受影響。繼楊為總幹事的丁文江，是一位有辦事才幹的科學家，普通科學家未必長於辦事，普通能辦事的又未必精於科學，他曾在近代西方文明典範的英國接受科學教育，而且行政能力極強。他在任的時間雖然只有短短的一年半，但為中研院作了許多應興應革的事宜，其最大的貢獻就是他一手設立的評議會，為該院立下了百年大計。朱家驊以學者從政，歷任黨政方面要職。其治事之才，也是久為人所共見。他一生雖然擔當過多方面的繁重任務，但與中研院的關係，竟連續長達30多年之久，並在蔡元培病逝後，繼任為代理院長。抗戰勝利後，中研院的復員以及大陸淪

陷後在臺的重建與發展，不能不歸功於朱家驊。

在上述領導階層中，不乏學術界的頂尖人物，他們以其卓越的成就與影響力，帶動了各所研究工作的迅速發展。由這些重要負責人員的安排來看，吾人對中研院自籌設到發展的過程，以及其所以能受到國內外學界的重視，當可獲得相當的瞭解。

八、經費及其運用

1. 經費概況與分配

中研院籌備委員及勞働大學籌備委員代表蔡元培、張人傑、李煜瀛、褚民誼等，於1927年6月6日中央政治會議第102次會議中提案，擬定中研院每月經費為10萬元，（包括籌備費在內）勞働大學每月經費為2萬1千元，均請自1927年6月起算，以最初3個月經費為開辦費。經決議交國民政府並由政府交財政部。此為確定中研院經費每月為10萬元之原始根據。至此項經費來源，在上述提案中，係責成江浙漁業事務局及太湖濬墾局於向解國庫省庫之數照解，及推廣兩項事業經費外餘款，盡數撥為中研院及勞働大學經費。註88

在「五四」以後，教育受政治變動的影響，教育經費經常被任意推延或藉口停發，曾引起很大的風潮，因此，教育界人士遂發起教育經費獨立的運動。由上述擬定中研院經費的來源看，仍然含有經費獨立的意味。

由於中研院初成立時，變為大學院下附屬機關之一，所以其最初的經費，實際上是由大學院撥給的。大學院的經費，也是想取獨立方

向，後因事實上有困難，仍由財部負擔。如果國家財政上軌道，政府機關之經費自不必獨立。註89

中研院自1927年10月開始籌備，其經費即自10月開始由大學院撥給，並未照中央政治會議的決議自6月起算。再者，當時雖議定每月10萬元，惟因北伐尚在進行，軍費所需甚鉅，中研院自動將經費削減半數，暫定為每月經常費預算5萬元，為所設理化實業、社會科學、天文、氣象、地質等五研究所之經費。茲將1927年度大學院撥給中研院之經費，（自1927年10月至1928年6月共9個月）開列如下：註90

科目	數目	備考
中央教育基金	355,000.00（二五庫券）	中研院基金計37萬5千元，除本項35萬5千元外，尚有大學院直轄機關臨時費2萬元現款。
直轄機關經費	(1)中研院：450,000.00元 (2)史語所： 30,000.00元	大學院發給該所1927年度經費。案：該所經費，初由大學院直撥，及大學院改為教育部，又由教育部直撥。自1928年11月份起，始改由中研院撥發。見「國立中央研究院十七年度總報告」頁285～286，教育部公函及中研院復文。
直轄機關臨時費	(1)中研院：20,000.00元 (2)史語所： 3,000.00元	大學院撥給基金
特別費	30,000.00元	購買上海法界亞爾培路205號地址地價
合計	355,000.00（庫券） 533,000.00（現款）	

1928年4月10日，中研院修正組織條例，脫離大學院，改為直隸於國民政府。同時將原理化實業研究所擴充為物理、化學、工程三所，並添設史語所及籌備教育研究所。故1928年度中研院所屬研究所實有9所

之多，若再照每月5萬元之經費，萬不敷用。故在1928年9月，蔡元培特呈請國府，准予從1928年度恢復每月10萬元經常費之預算，並令財政部按月直接撥付。經國府第90次會議決議恢復原預算案。[註91]至是，中研院全年的經費一共是銀元120萬元。至1929年度預算，經國府核准每月經常費為11萬元，每年132萬元，較前每月增加1萬元，自1930年5月起算，並核發臨時費40萬元。至是方稍覺寬裕。嗣以國難發生，復減為每年120萬元。[註92]據朱家驊說，一直到1936年，才增加為年支銀元130萬元。另有10萬元作為臨時建設費。但是1937年7月，當1937年度（會計年度）開始時，七七事變發生，經常費照六三折實發，其他費用一律刪除。1939年又恢復原額，以130萬元為基數，比例伸算。到了1941年，朱家驊任代理院長時，覺得實在沒有辦法維持下去，才簽請最高當局將預算基數特別增加。因為當時各機關預算，都有一定基數，要增加經費，必須變動基數。幸邀特准，破例增加，院務得以勉強維持。[註93]茲覓得中研院1936年度至1946年度經常費預算，列表於下：[註94]

年度	金額	備考
1936	1,200,000.00	(1)1936年7月至1937年6月。
1937	944,666.64	(2)1937年7月至1938年6月，因有減成發給，故有零數。
1938	409,500.00	(3)1938年7月至12月。
1939	819,000.00	(4)1939年1月至12月。以下均係歷年制會計年度。
1940	931,488.00	(5)自1944年度起，始有事業費預算。
1941	1,887,960.00	
1942	2,708,571.00	
1943	4,707,784.00	
1944	10,785,104.00	
1945	44,318,700.00	
1946	288,029,950.00	
合計	356,739,723.64	

事實上，由於國家多難，政府經費支絀，各機關都受影響。除上述自1937年七七事變後，各機關經費均係減成發給外，如1930年，因中原戰事關係，國家元氣大傷，經費不能按期發給。是年11月14日，中研院第11次院務會議中，會計主任王敬禮報告經濟拮据情形，謂7月份經費，到11月13日方始領足，有二三研究所毫無存款，不得不先向他所暫借通融。而蔡元培在會中致詞說：

> 「本院經費異常支絀，以經費數目而論，用之辦理一二研究所尚嫌不足，現本院已成立之研究所處館等，計有十一處之多，雖平時盡量從事節省，而欲求計畫之實現，頗感困難。」註95

再如1932年1月28日，滬戰爆發，國民政府於30日宣言遷洛陽辦公。國難臨頭，各機關均縮減經費，官員則停止薪給，僅發維持生活費，中研院職員亦在停俸之例，凡薪在60元以下者照發，以上者支生活費60元；至於經費，則與各大學一樣，按三成支給。註96其竭蹶之狀，不難相見。由中研院1936至1946年度經費預算表中，可知自1941年度起，經費數字年有增加，但因幣值日低，仍無濟於事。據1942年11月「中央研究院三十年（1941）度工作成績考察報告」指陳：

> 「該院本年度經費預算原定為一百三十八萬元，本年度申請追加核准五十萬元，合計一百八十八萬元。但各所所需費用，如購置調查發掘採集旅費，則隨物價增加已二十倍於戰前，致工作未能如期開展。」註97

以1941年度的經費與1928年度的經費相較，只增加了64%，而物價已漲了20倍。其困難情形，不言而喻。

在1928年8月11日中研院第3次院務會議討論1928年度預算時，曾由各所擬定臨時費預算共200萬元，作為購地、建築及購買圖書儀器之用。此筆款項，以後是否核撥，迄未發現有關之記載。但由此後各所報告中備述經費困難之情形推論，似未邀准核撥。茲將當時所擬細數列下，聊供參考：註98

中央研究院民國十七年度臨時費預算表

國幣／元

科目	金額	備註
第一項　1928年臨時費預算	2,000,000	
第一目　總辦事處	51,000,000	
第一節　建築	51,000,000	
第二目　天文研究所	444,000,000	
第一節　購地	50,000,000	
第二節　建築	100,000,000	
第三節　儀器	260,000,000	
第四節　陳設	15,000,000	
第五節　書籍	14,000,000	
第六節　調查	5,000,000	
第三目　社會科學研究所	100,000,000	
第一節　建築圖書館	90,000,000	
第二節　器具陳設	1,000,000	包括研究室及演講廳圖書館器具及陳設
第四目　氣象研究所	100,000,000	
第一節　高空氣象台建築費	60,000,000	
第二節　高空氣象台儀器	30,000,000	

第三節　氣象圖書	10,000,000
第五目　地質研究所	28,000,000
第一節　圖書	80,000,000
第二節　實驗室設備	20,000,000
第三節　圖書館及陳列館	120,000,000
第四節　實驗室及辦公室	60,000,000
第六目　化學研究所	185,000,000
第一節　購地	20,000,000
第二節　建築	50,000,000
第三節　設備	10,000,000
第四節　圖書	40,000,000
第五節　儀器	50,000,000
第六節　藥品	10,000,000
第七節　器具	5,000,000
第七目　物理研究所	240,000,000
第一節　購地	30,000,000
第二節　實驗室	50,000,000
第三節　工廠	10,000,000
第四節　儀器	100,000,000
第五節　圖書雜誌	50,000,000
第八目　工程研究所	330,000,000
第一節　購地	50,000,000
第二節　建築	50,000,000
第三節　機器	150,000,000
第四節　儀器	50,000,000
第五節　圖書	30,000,000
第九目　歷史語言研究所	150,000,000
第一節　書籍	90,000,000
第二節　工具	45,000,000
第三節　購地	15,000,000
第十目　教育研究所	120,000,000

以上所述，是中研院收入方面的大概情形；至於支出部份，則缺乏明確的記載資料。茲以大學院1927年度的經費為例作一比較。大學院本部經常費為268,567.16元，其第一項開支（包括薪俸、工資、文具、印刷、郵電、購置、消耗、修繕、招待、廣告、旅費、辦公費、雜支等十三目）為184,270.72元，其中薪俸一目為113,594.40元，佔是項開支的62%。註99由此推想，中研院的各項開支，似亦以薪俸為最大部份；但在成立之初，因無臨時設備費，各所開辦時的一切費用，如購地建築或租賃民房裝修為所址，購置儀器、圖書等，均由經費中撙節支付，所以設備費用佔的比例相當大。以物理所為例：自1927年11月至1929年6月，該所共領得經費約16萬元，除用於購置霞飛路所址約1萬7千元及新建臨時試驗室約6千元之外，用於書籍、雜誌、儀器及裝修方面者約七萬元之譜。此為付出實數，照已經訂購而尚未付款之儀器及書籍、雜誌之價格計算，則已達10萬元。註100可知其經費多用於設備方面。由於各所初期的工作人員少，薪俸所佔經費的比例自少；及所址擇定，設備陸續齊全，全面展開工作之際，所需要的員工勢必增加，在薪俸方面的開支亦必隨之增加。但其人事費究竟佔多少，由於資料缺乏，無從作詳確之估計。茲列舉1930年時該院所定薪俸標準及全院工作人員統計表，供作參考：

1930年7月1至2日，中研院第一屆院務年務會討論「職員薪俸標準及加薪辦法草案」，經決議之薪俸標準為：

(1) 書記　自30元至60元分7級，每級5元。

(2) 事務員助理員　自60元至180元，分26級，每級5元。

(3) 專任編輯員及技師　自120元至300，分10級，每級10元。

(4) 專任研究員　自200元至500元，分30級，每級10元。註101

中央研究院十八年度職員統計表（1930年10月30日）[註102]

職別	院長	總幹事	主任	顧問	職員	共計
人數	1	1	4	2	17	25

中央研究十八年度研究人員統計表（1930年10月30日）[註103]

職別 所別	專任			兼任研究員	名譽研究員	特約				助理			合計
	研究員	技師	編輯員			研究員	編輯員	外國通信員	計劃委員	助理員	調查員	技術員	
物理研究所	4				1	5				7			17
化學研究所	5			2						6			13
工程研究所	5									3			8
地質研究所	8			1	1	5				12			27
天文研究所	3					5			5	5		1	19
氣象研究所	1		1			1				3		8	14
歷史語言研究所	8		4			11	2	3		13			41
心理研究所	2					1				3			6
社會科學研究所	10		1			12				11	5		39
自然歷史博物館		2								1	5		8
合計	46	2	6	3	2	40	2	3	5	64	5	14	192
共計	54			3	2	50				83			192

至於中研院對各所經費的分配，最初幾年是略取平均分配的方式。緣各所在開辦期間，均須從經常費中各有所撙節，以備建築及設備之用。每所經費，每月約為1萬元左右。如1927年9月，地質所編列之預算經核准為每月1萬元，[註104]1928年度總辦事處全年的經費為9

萬5千元，註1051929年度博物館經費每月增至1萬元，心理所每月增至6千元，其餘各所約增至1萬2千5百元。註106似此平均分配的方式，至丁文江接任總幹事後，認為這樣雖有各所自由計劃的便利，但每所各自撙節的款，為數有限，對於較繁重的設備，不免有曠日持久的窒礙。於全院的效率上，難免吃虧。所以與各所長商討，打破平均分配的習慣，而各所均視其最緊縮的需要，以定預算。由總辦事處綜合所撙節的款以應付全院所需提前趕辦的或與其他機關合作的事業。於是各事業的輕重緩急，有伸縮餘地，方不致有膠柱鼓瑟的流弊。註107

2. 基金的聚集與運用

學術研究機關若無基金，則進行必難穩定。中研院組織法第九條明定該院最小限度之基金為500萬元。查該項基金，僅於1928年由大學院撥到公債48萬元，現金2萬元，共50萬元，嗣後政府未再續撥。註108及至1935年3月間，中研院鑒於此項公債及存款之基金利息，已有相當之積蓄；而各所的收入，可以歸入基金的漸多，如工程所之鋼鐵、玻璃、陶磁三試驗場；物理所之儀器製造場，以及中研院與全國經濟委員會棉業統制委員會合辦之棉紡織染實驗館等，皆有收入，且為數均尚可觀；同時，中研院各所的設備，以及舉辦的特種事業，有賴於基金利息之補助者亦多；所以總幹事丁文江認為有組織基金保管委員會的必要。於是草擬「國立中央研究院基金暫行條例」八條，呈請國民政府，於6月14日核准施行。遂依照該條例第四條組織基金保管委員會。該條例第二條規定聚集基金之方式：一、政府照中研院組織法第九條應撥之款；二、已有基金之生利；三、私人或團體之捐助。而附項中，又規定除上列各項外，在基金總數未達五百萬以前，

該院得以所舉辦事業以及其他一切收入撥入基金。又於第六條，規定得將每年基金利息之一部分用於該院下列各事業：一、有特殊重要性質之講座及研究生名額；二、有促成學術進步功用之獎學金；三、院內有利事業之投資；四、其他特別建築設備或事業。[註109]有此正式規定，於是中研院基金部分的增益與應用，均有規則可循。所以蔡元培認為這是丁文江對中研院的重大貢獻之一。[註110]

3. 與其他學術機關經費的比較

以國立北平研究院為例，其初成立時之經費，原定為每月國幣5萬元，實支數每月3萬元，自1938年起折成發給，歷年不足3萬元。1942年後，以物價高，全年及追加經費共620,920元，1943年為1,248,570元，1944年共為2,164,384元，1945年共為8,625,600元，1946年為34,506,000元。[註111]

1935年元旦，丁文江估計北平研究院，實業部的地質調查所、農業實驗所、工業試驗所，經濟委員會的蠶絲改良會、棉產改進所、茶葉及畜牧改良場、衛生實驗處，以及參謀部和兵工署所屬的試驗室等機關，所用於科學研究的經費，合計起來，在350萬與400萬元之間。當時中研院設有10個研究所，經費每年共為120萬元。可見其研究的範圍，比其他機關為大，其經費的數目，也比其他機關為多。[註112]

4. 補助款項與學術發展的關係

如上所述，中研院本身的經費實在有限，其所以尚能稍盡其職責，乃是由於在正常經費之外，獲得英、美庚款的補助。茲將現已查到的一點資料，舉例開列如下。

1934年5月，管理中英庚款董事會第24次董事會，在討論第一次息金支配時，決議補助中研院製造科學儀器設備費10萬元，分三年撥給，第一、二兩年各撥3萬元，第三年撥4萬元。[註113]該會1937年度息金收入，又經董事會通過續補助中研院5萬元。[註114]

1929年6月29至30日，中華教育文化基金董事會在天津開第5次年會，決議撥款50萬元為中研院理、化、工三所建築及初步設備費。分6次撥付，最末一次2萬元，中研院於1932年9月收到。中基會又議決補助史語所經費三年，每年3萬元。最初每年分4期撥付，以後則按月撥付。[註115]

1934年7月，經丁文江的奔走，將中基會主辦的北平社會調查所合併到中研院的社會科學研究所，並由該會補助部分經費。[註116]

又如中研院的鋼鐵、玻璃、陶磁三試驗場及棉紡織染實驗館，每年購買材料，添置設備，需款甚鉅，也曾屢得中基會、中英庚款會及全國經濟委員會之補助。[註117]惟數目不詳。中研院與各學術機關舉辦的合作事業極多，如無像英、美庚款之類的補助，僅靠政府撥給的經費，是無法展開工作的。再如史語所雖設有考古組，但對於田野考古工作，並沒有特別預算。據主持考古組的李濟說：

「最近幾年，田野考古工作經費，差不多全由中華教育文化基金董事會捐助，但每季不過三、五千圓。還要東拼西湊一下，史言所方能把田野工作的經費打發下了。……在侯家莊第二、第三兩次發掘的經費，大半出自中央博物院的補助費。」[註118]

　　史語所的發掘經費，固曾獲得國立中央博物院的補助，但中研院也曾給予中央博物院補助。緣1934年6月，中研院與教育部商訂與中央博物院籌備處合作辦法，由中研院分任中央博物院一部分建築費與經常費。是年11月8日，中研院呈准國民政府於基金利息項下撥款9萬元為博物院購地設備之用。1935年底，又續撥基金利息9萬元為博物院設備及事業經費。註119

　　根據1929年3月1日中研院致審計院公函，謂受該院補助經費的機關尚有：(1)北平地質研究所，(2)國立北平圖書館，(3)南京中央大學陶瓷試驗所，(4)上海科學月刊社四處。其中北平圖館，自1929年2月起，每月補助1千元；旋因國府財委會通過自3月起該館照新預算撥發，中研院即不再繼續補助。註120另外三機關，究竟補助若干，不詳。

　　1934年6月，中研院將國際出版品交換處移交中央圖書館籌備處接辦，並按月補助該處一部分經費，以1年為期。註121

　　此外，如1931年，中研院也曾補助過海洋研究所籌備水族館經費2千元。註122其他學術機關也有不少向中研院請求補助者，但該院本身的經費並不寬裕，自顧尚且不暇，實在無法一一予以補助。

　　以上所述，只是根據一些不完整的資料，對於中研院經費情形作一簡單的描述而已。中研院在創立之初，各所分頭開辦，在在需款，而政府除經常費外，未再撥款，一切建築設備，均不得不就經常費中極力撙節。就地點言，當時各研究所分處南京、上海及北平三地，頗為散漫，或自購簡陋小屋，或賃租民房，皆係臨時性質，由於沒有固定的適當所址，以致將許多寶貴光陰費於遷移整理，殊為可惜。至其永久計畫，曾決定以南京欽天山與清涼山等地及上海曹家渡白利南路

所購之地為京滬二地之永久院址；後又在南京中山門外選定地皮，擬作為整個院址，然因經費困難，購地手續繁雜，迄未辦妥。及對日抗戰發生，各所又一再大播遷，更形分散。建築及設備，實為研究之基礎，由於沒有專款，故不能為集中之建築，此不僅在研究方面受到影響，在行政上也諸多不便。中研院在呈送中央政治會議的第一次工作報告書中說：

> 「國人期望於本院者至大，然科學成績，非咄嗟可辦，猶難為無米之炊。」註123

其希望政府與社會贊助之情，溢於言表。於此，更可知中研院在有限的經費下，仍能繼續不斷的在從事研究工作，而且有所成就，已是十分難能可貴的了。

九、結語

自北伐後到抗戰前的十年間，是國民政府在中國大陸僅有的建設時機。其間全國雖然歸於統一，但各地反抗中央事件，仍然此伏彼起，迄無寧日；而日本帝國主義者更是虎視眈眈，不斷在各地製造事件。在這段期間，蔡元培除致力於教育行政制度之革新外，便是主時中研院的院務。

1937年七七事變後，時局急轉直下，中研院各所分途撤遷後方。蔡元培於1937年底自上海赴香港，不久遷居九龍。原想在香港稍事休

息，即轉赴後方；嗣因健康不佳，醫藥方面，香港較內地方便，所以未能即行，深居簡出，過著近似退隱的生活；然對中研院院務，仍極關切，每有重要事務，皆遙為指示。而各所在流離遷徙，仍能於短時期內恢復院研究工作，要皆蔡元培主持領導及精神感召之力。

蔡元培自1936年冬大病一次後，身體即日漸衰弱。在旅居香港期間，由於年事日高，復憂傷國事，精神益感不支。1940年3月3日，不慎失足跌倒，病勢加劇，延至5日上午，這位「終身盡忠於國家和文化而不及其私的公民」，[註124]遂與世長辭，享年74歲。

蔡元培一生獻身於教育學術事業，晚年更辭去一切兼職，專心致力於中研院之設立與發展，使我國有一最高學術研究機構，貢獻於學術者至大。

蔡元培創設大學院的動機，就是要將北洋時代官僚化的教育部改為學術化的大學院。他在大學院內設立了中研院，就是想藉著主管全國教育學術行政的地位，來使我們國家在學術方面迎頭趕上歐美。不料因困難重重，大學院迅即取消，他學術化的理想無法在大學院實現，乃將注意力投注在中研院，欲藉中研院以達成。他這個心願，不難從中研院組織和性質的演變中看出來。

由於中研院是國家學院的性質，所以在院中設立評議會，作為全國學術的評議機構，並促進國內外學術研究之合作與互助，中研院院長之候補人，亦由評議會推舉。緣蔡元培一向醉心於合議制，不願大權獨攬。例如他在任北京大學校長時，即在校中設立評議會及各科教授會，為商決校政之最高機關；任大學院長時，設有大學委員會，議決全國學術上一切重要問題。凡此，均充分顯示出他開闊的胸襟、民

主作風、以及尊重學術自由的精神。

　　自民元（1912）以來，凡是教育、學術、文化界的重要事務，如勤工儉學、華法教育會、教育獨立運動、以庚款作教育費用等，蔡元培都是重要的參與者。1935年7月，他發表啟事，辭去兼職，所列出來的兼職達23項之多，其頭銜有：學校之校長、校董、董事長、及學術教育機關或團體之評議員、董事、董事長、理事、理事長、會員、會長、社員、館長、監事等，當時國內的重要文教機關，幾乎都由他來領銜，儘管他無法去一一過問各機構的事務，但至少可以說明一件事實，那就是承認他在教育和學術界的崇高地位。正因為大家都承認他具有崇高的地位，而中研院又為全國最高的學術機關，所以中研院在他主持下，才能順利地促成與全國學術界之合作與互助。

　　在中研院成立前，我國的學術團體是散漫的，各自為政的；但很多外國學術團體所遣送來華的各種科學工作遠征隊，都有堅強的組織，並挾其豐富的物質配備和純熟的科學技巧，把我們的自然科學資料，甚至歷史的、考古的、美術的資料，一部份一部份搜集去乃至偷了去。對這種文化侵略，當時學術界普遍存在著「不滿」和「不服氣」的情緒。要反對這種文化侵略，只有自己去搜集、去研究。直到中研院成立後，才站在國家學院的地位，把學術界這種情緒導入了正軌，才使學術界有了一個有系統而又能代表全國學術團體的組織。註125有此組織，然後工作得有中心，促成各機關間的合作，提高研究工作的效率。遇有國際學術會議，亦得藉此現成的綜綰組織，便於彼此接洽，並由此組織以轉與本國各學術機關或專門學者商洽推進。所以中研院的成立，是於中國科學專業的歷史，具有重大意義的。註126

中研院在籌設之初，定為全國最高科學研究機關，所強調的任務是實行科學研究，而國家適值艱苦建國時期，各科建設事業需要專門的知識極殷；基於這種現實之要求，故其工作多側重在與國計民生有直接關係的方面，其成績表現於區域性（本土性）與實用性科學的研究者，也最為顯著。例如在最早成立的各研究所中，並無歷史語言的項目；由於一部份熱心文史的學者，向中研院籌備人說明歷史語言研究的重要性，並強調現代的歷史學與語言學科也是科學，才決定增設歷史語言研究所。註127又如中研院初成立時，國內對生物科學，還沒有脫離博物科的舊觀念。由各學術團體在生物學方面的研究發展非常迅速，中研院遂在1934年7月將其自然歷史博物館改為動植物研究所，又於1944年5月，分為動物與植物兩研究所。這是一大進步。由各研究所成立的先後順序及演變情形，也不難看出我國在學術方面發展的趨勢。

1935年11月4日，蔡元培在一次演說中指陳：

> 「大家覺得中國現在內憂外患的過程中，可以悲觀的事情實在太多，可是我們仔細觀察一下，便知進步的地方亦未嘗沒有。開始提倡到現在，還不過區區數十年的科學事業便是比較可以『引以自慰』的一端。」註128

最明顯的即是自中研院成立後，國內學人的智慧和成就，在國際學術界中已開始受人相當的認識了。例如二十一年〔1932〕三月，法蘭西學院以白里安獎金贈送中研院；二十三年〔1934〕七月，波斯的亞細

亞學院聘請中研院為名譽會員，[註129]三十二年〔1943〕，英國陶德斯〔E.R.Donds〕、李約瑟（Joseph Needham）兩教授來華訪問，攜來英國皇家學會、大英學院、牛津大學、劍橋大學以及其他英國、印度教育文化機關致中研院之函件，予以讚飾；並組成中英學術合作事務所，進行合作工作。美國也派葛德石來華，攜有美國科學院、學術團體總會等致中研院之函件，表示同樣意思。而中研院因聘陶德斯為史語所通信研究員，李約瑟為化學所及動植物所通信研究員。此事不僅使該院同人感奮；即全國文化教育界，在抗戰最艱苦的時候，得此盟邦友誼之表示，亦莫不欣慰。[註130]

　　中研院是「科學教國」潮流下的產物，雖說國家一直處於擾攘不安的環境中，科學事業不能順利發展；可是由以上所述，足證科學救國運動，已經由理想而逐漸趨於實踐了。

附記：1995年1月11日，中研院舉行蔡元培院長127歲誕辰紀念會，我應邀擔任主講人，講題為〈蔡元培先生與中央研究院1927-1940〉，講稿刊在《中央研究院週報》第519、520期，1995年3月3日、3月10日出版。

（原載：《中央研究院近代史研究所集刊》，第7期，pp.1-50，1978年6月出版，2007年6月修訂。）

【注釋】

註1：朱家驊：〈國立中央研究院簡說〉，見《革命文獻》第59輯（臺北，中央黨史會編印，1972年6月出版），頁220～221。

註2：王聿均、孫斌合編《朱家驊先生言論集》（臺北，中央研究院近代史研究所，1977年5月初版），頁91。

註3：參黃福慶：〈東亞同文會——日本在華文教活動研究之一〉，載《中央研究院近代史研究所集刊》第5期（1976年6月出版），頁337～338。

註4：參黃福慶：〈歐戰後日本對庚款處理政策的分析——日本在華文教活動研究之二〉，載《中央研究院近代史研究所集刊》第6期（1977年6月出版），頁185～221。

註5：《國立中央研究院十七年度總報告》，頁273。

註6：教育部編：《第二次中國教育年鑑》（1948年12月初版），第6編，頁1～2。

註7：蔡元培：〈中央研究院與中國科學研究之概況〉，見《革命文獻》第53輯（臺北，中央黨史會編印，1970年12月出版），頁428。

註8：方豪：〈馬相伯先生年譜新編〉下編，頁7～16，載《天主教學術研究所學報》第7期（臺北，1975年7月印行）。「函夏」二字出《晉書》卷31左貴嬪傳，指整個華夏，謂全中國也。

註9：《國立中央研究院十七年度總報告》，頁45。

註10：中國國民黨中央執行委員會政治會議（以下簡稱「中央政治會議」）第74次會議紀錄。

註11：中央政治會議第90次會議紀錄。

註12：中央政治會議第76次會議紀錄。

註13：中央政治會議第102、105次會議紀錄。

註14：《大學院公報》第1年，第1期（1928年1月出版），頁49～50。

註15：《國立中央研究院十七年度總報告》，頁415～420。

註16：《國民政府公報》第48期（1928年4月出版），頁10～12。

註17：1928年4月18日中央政治會議第137次會議中，宋子文提議請特任蔡元

培為中央研究院院長，決議通過。（中央政治會議紀錄）23日，國民政府公布任命。見《國民政府公報》第52期（1928年4月），頁3。

註18：《國民政府公報》第57期（1928年5月），頁15～16。

註19：〈國立中央研究院第一次院務會議紀錄〉，載《國立中央研究院十七年度總報告》，頁53～54。

註20：1929年6月21日該院駐滬辦事處所舉行的第六次院務會議中通過6月9日為院慶，見《國立中央研究院十七年度總報告》，頁70。

註21：《國立中央研究院十七年度總報告》，頁49、273～274。

註22：《革命文獻》，第59輯，頁289。

註23：中研院的內部組織，迭有小部份變動，本表係採自《國立中央研究院二十四年度總報告》，頁6。至各所之分組及附屬機關，如工程所之棉紡織染實驗館等，概不列入。

註24：《大學院公報》第1年，第1期，頁63～69。

註25：《國民政府公報》第15號（1928年11月10日出版），法規，頁2～3。

註26：本表係根據中研院十七至二十四（1928～1935）年度總報告中各研究所的報告製成。至於教育研究所，在1927年11月20日中研院籌備會成立大會中，主張以教育歸入社會科學。1928年4月及11月之組織條例及組織法，均明定設立教育研究所，旋改為心理教育研究所。又於1929年1月13日院務會議中，議決易名為心理研究所，以研究心理及教育有關之心理問題。（見《國立中央研究院十七年度總報告》頁63、67、258）教育研究所雖經多次研商，則始終沒成立。

註27：《革命文獻》第53輯，頁437～438。

註28：最初係參照英文譯為「會員」，幾經考慮，僉以為「會員」一詞太通俗，歷史語言研究所所長傅斯年建議稱「院士」，經評議會通過後始確定稱為「院士」。見《朱家驊先生言論集》，頁111。

註29：《國立中央研究院十七年度總報告》，頁55。

註30：同上，頁60～61、66、68及《國立中央研究院十八年度總報告》，頁49、54。

註31： 評議會未能早日成立的原因，據沈雲龍在〈中研院革新應自修訂組織法規做起〉（1977年6月10日《聯合報》）一文中說：「在草創時期，一切失之太簡，組織亦不十分完備，益以蔡、楊〔銓〕為政治活動所牽，院務不免鬆弛。」

註32： 朱家驊在〈丁文江與中央研究院〉一文說：「那時我仍在交通部長任內，他顧慮中央不能通過，常常跑到交通部和我往復磋商，……他的苦心孤詣，使我終予同意，並在中央政治會議予以支持。」（見《朱家驊先生言論集》頁749）

註33： 《國民政府公報》第1752號（1935年5月28日出版），法規，頁1。

註34： 同上，頁1～2。

註35： 朱家驊最初對此點頗持異議。經丁文江力勸他不要堅持，不必再擴大範圍，以免發生其他枝節，朱方表同意。見《朱家驊先生言論集》，頁749。

註36： 根據中研院組織法第五條規定，總幹事並非當然評議員，丁文江係以聘任評議員身份參加評議會，並被公推為評議會秘書。丁文江病故後，補推翁文灝為秘書。此時當已發現：如果總幹事不是聘任評議員，即無法參加評議會，對院與評議會工作之聯絡、執行等，殊為不便。因於1939年3月13日在昆明雲南大學舉行第一屆評議會第四次年會時，始議決總幹事應參加評議會，但無表決權。（見《國立中央研究院第一屆評議會第四次年會紀錄》，油印本）直到1943年11月17日修正公布的「國立中央研究院組織法」（《國民政府公報》渝字第624號〔1943年11月20日出版〕，法規，頁1～2）第五條，方明定總幹事亦為當然評議員。至聘任評議員的背景，因未找到《國立中央研究院評議會第一次總報告》，係由下列各書中查得，故當選時之服務機關可能不十分正確：(1)《國立中央研究院職員錄》（1938年9月印）；(2)莊文亞編：《民國二十三年〔1934〕全國文化機關一覽》（臺北，中國出版社影印本）；(3)橋川時雄纂：《中國文化界人物總鑑》（昭和十五年〔1940年〕印行）。

註37：蔡元培在中研院首屆評議會第三次年會致詞，載《國立中央研究院評議會第二次報告書》（1938年5月鉛印本），頁20～21。

註38：胡適：〈丁在君這個人〉，載《獨立評論》第188期，1936年2月17日出版。

註39：院士會議是1948年成立的，時蔡元培已經故世。至於評議會院士會之間的關係，頗有互相制衡之意。十分複雜，不易為人瞭解，沈雲龍在〈中研院革新應自修訂組織法規做起〉一文中，即曾明白指出，請參閱。因非本文範圍，故不作進一步探討。

註40：蔡元培：〈中央研究院與中國科學研究之概況〉，見《革命文獻》第53輯，頁428～436；行政院〈教育工作報告〉，見同上，頁178。兩文對全國主要科學研究機關的統計數字，微有出入。

註41：《大學院公報》第1年，第1期，頁80。

註42：參陳哲三：《中華民國大學院之研究》（臺北，商務印書館，1976年12月初版），頁138～139；李書華：〈二十年北平研究院〉，收在所著《碣廬集》（臺北，傳記文學社，1967年1月初版），頁113~162。

註43：陶英惠：〈蔡元培與大學院〉，載《新知雜誌》第3年，第6期（臺北，1973年12月出版），頁54～55。

註44：《陳布雷回憶錄》（臺北，傳記文學社排印本，1967年1月出版），頁79～80。1930年11月30日，吳敬恒在〈復蔡元培函〉（羅家倫、黃季陸主編《吳稚暉先生全集》〔臺北，中央黨史會，1969年3月出版〕卷3，頁674）中所云：「弟於教部、研究院、中大、勞大，以及北平學界北平文化，皆從無主張。不過夾在中間，彼此囑我傳話。弟之主旨，不願見洛蜀之交鬨。其法以五雀六燕，均得其平為原則。以不令毛細得失，牽及巨大政潮為希望。」想即指此事。可見當時爭執之烈。吳氏以該函「過甚其詞，故另易溫和之詞答之。」

註45：蔡元培：〈論大學應設各科研究所之理由〉，載《東方雜誌》第32卷，第1號，1935年1月出版。

註46：《革命文獻》第59輯，頁221。

註47：《國民政府公報》第51期（1928年4月），法規，頁4~8。

註48：《國民政府公報》第65期（1928年6月），頁46。

註49：陳哲三：《中華民國大學院之研究》，頁13。

註50：方豪：〈馬相伯先生年譜新編〉下編，頁13。

註51：《國民政府公報》第87期（1928年8月），頁28。

註52：陳哲三：《中華民國大學院之研究》，頁46。

註53：《革命文獻》第59輯，頁219。

註54：《國立中央研究院院務月報》第1卷，第1期（1929年7月出版），頁1。

註55：《革命文獻》第59輯，頁221。

註56：蔡元培：〈大學院公報發刊辭〉，載《大學院公報》第1年，第1期。

註57：唐德剛〈『不要兒子，兒子來了』的政治〉──回憶胡適之先生與口述歷史之二，《傳記文學》第31卷，第3期（1977年9月1日出版）頁46。這個譯名是朱家驊建議的，見《朱家驊先生言論集》，頁105。

註58：丁文江：〈科學化的建設〉，載《獨立評論》第151號（1935年5月19日出版），頁10。

註59：蔡元培：〈大學院公報發刊辭〉。

註60：丁文江：〈中央研究院的使命〉，載《東方雜誌》第32卷，第2號（1935年1月16日出版），頁5~8。

註61：〈國立中央研究院進行工作大綱〉，載《國立中央研究院評議會第二次報告書》，頁83~87。

註62：「朱家驊先生言論集」，頁109。

註63：《朱家驊先生言論集》，頁87。

註64：〈中央研究院第十二次院士會議紀錄〉。

註65：《朱家驊先生言論集》，頁87。

註66：《傳記文學》第27卷，第4期（1975年10月出版），頁61。參見註26。

註67：《朱家驊先生言論集》，頁108。

註68：《國立中央研究院評議會第二次報告書》，頁9、17。

註69：〈中央研究第十二次院士會議紀錄〉。

註70：《國立中央研究院二十四年度總報告》，頁152～153。

註71：《國立中央研究院社會科學研究所二十五年度報告》（鉛印單冊），頁10～12。

註72：本表係自中研究院歷年總報告中擇要錄出。

註73：任鴻雋：〈十年來中基會事業的回顧〉，載《東方雜誌》第32卷，第7號（1935年4月16日出版），頁19～25。

註74：《國立中央研究院二十三年度總報告》，頁143。

註75：摘自王懋勤編：〈中央研究院歷史語言研究所大事年表〉，載《中央研究院歷史語言研究所四十週年紀念特刊》（1968年10月出版），頁1～31。ABCDEF等字母，用以各代表一書刊。

註76：《朱家驊先生言論集》，頁745。

註77：黎東方：〈歷史不僅僅是一種科學〉，載《中國歷史學會史學集刊》第7期（1975年5月出版），頁3。

註78：郭正昭：〈「中國科學社」與中國近代科學化運動〉，載《中國現代史專題研究報告》第1輯（臺北，中華民國史料研究中心編印，1971年12月出版），頁266～267。

註79：蔡元培：〈我在教育界的經驗〉，1940年3月24日重慶《中央日報》。（重刊]

註80：蔣夢麟：《新潮》（臺北，傳記文學社，1967年9月出版），頁104。

註81：蔡元培：〈我在教育界的經驗〉。

註82：李書華：《碣廬集》，頁141。

註83：翁文灝：〈追念蔡孑民先生〉，1940年3月24日重慶《中央日報》。

註84：蔣夢麟：「新潮」，頁105。

註85：參考郭正昭：〈「中國科學社」與中國近代科學化運動〉；陶英惠：〈任鴻雋與中國科學社〉，載《傳記文學》第24卷，第6期（1974年6月出版），頁11～16。

註86：參見：〈大學院各委員名錄〉及〈中央研究院各研究所籌備委員名

錄〉，載《大學院公報》第1年，第1期及第4期（1928年1月、4月出版）。其中任鴻雋及王璡為大學院科學教育委員會委員，該會與中研院的籌備亦有密切關係。

註87：《國立中央研究院二十一年度總報告》，卷首。

註88：中央政治會議第102次會議紀錄。

註89：陳哲三：《中華民國大學院之研究》，頁62～63，對大學院經費有詳細的分析。

註90：〈大學院十六年度決算報告書〉，見《革命文獻》第53輯；頁39～46。

註91：1928年9月5日國民政府第474號訓令，載《國民政府公報》第89期（1928年9月出版），頁11。

註92：《國立中央研究院十八年度總報告》，頁56：《國立中央研究院評議會第二次報告書》，頁22。

註93：《朱家驊先生言論集》，頁110；《革命文獻》第59輯，頁228。

註94：《第二次中國教育年鑑》，第6編，頁4～5。

註95：《國立中央研究院院務月報》第2卷，第4期，頁9～10，1930年10月出版。（脫期）

註96：《國立中央研究院二十年度總報告》，頁385～387，401。

註97：《革命文獻》第59輯，頁290。

註98：《革命文獻》第53輯，頁41～42。

註99：《革命文獻》第53輯，頁41~42。

註100：《國立中央研究院十七年度總報告》，頁74。

註101：〈國立中央研究院第一屆院務年會紀錄〉，載《國立中央研究院院務月報》第2卷，第1期（1930年7月出版），頁35。

註102：《國立中央研究院十八年度總報告》，頁46。

註103：《國立中央研究院十八年度總報告》，頁47。

註104：《國立中央研究院十七年度總報告》，頁154。

註105：《國立中央研究院十七年度總報告》，頁158。

註106：《國立中央研究院十八年度總報告》，頁56。

註107：蔡元培：〈丁在君先生對於中央研究院之貢獻〉。

註108：根據〈大學院十六年度決算報告書〉，大學院在1927年度撥給中研院之基金為37萬5千元，其中35萬5千元為二五庫券，2萬元為現款。另外12萬5千元庫券，想為1928年度由財政部撥給。

註109：參《國立中央研究院二十三年度總報告》，頁11～12，168～169；《國立中央研究院二十四年度總報告》，頁165～166。

註110：蔡元培：〈丁在君先生對於中央研究院之貢獻〉。

註111：《第二次中國教育年鑑》，第6編，頁10。

註112：丁文江：〈中央研究院的使命」。

註113：《革命文獻》第53輯，頁463。

註114：〈本年度中英庚款支配計劃〉，載《教育雜誌》第28卷，第10號（1938年10月10日出版），頁78。

註115：散見中研院十八～二十一年度總報告中之大事記及總辦事處文書處報告。

註116：《國立中央研究院社會科學研究所二十五年度報告》，頁1；《朱家驊先生言論集》，頁748。

註117：《國立中央研究院二十四年度總報告》，頁166。

註118：李濟：《感舊錄》（臺北，傳記文學社，1967年9月初版），頁63～65。

註119：《國立中央研究院二十四年度總報告》，頁165～166。

註120：《國立中央研究院十七年度總報告》，頁63、315～316、411。

註121：《國立中央研究院二十二年度總報告》，頁174。

註122：「國立中央研究院二十年度總報告」，頁391。

註123：《國立中央研究院十七年度總報告》，頁274。

註124：北大師生向蔡元培贈屋獻書函中語。見《蔡元培先生全集》，頁78。

註125：李濟：《感舊錄》，頁72～75。

註126：翁文灝：〈追念蔡子民先生〉。

註127：李濟：「感舊錄」，頁75。

註128：《革命文獻》第53輯，頁442。

註129：《革命文獻》第53輯，頁406。

註130：《朱家驊先生言論集》，頁84～86。李約瑟（Joseph Needham）為
以《中國的科學與文明》一書聞名的劍橋學者，其初抵華時中文譯名
為「尼德漢」。

朱家驊傳

（一八九三～一九六三）

一、家世與青少年時期

朱家驊（1893～1963），字騮先，清光緒十九年四月十五日（1893年5月30日）[註1]生於浙江省吳興縣小港里鶴和堂。其始祖自臨安遊學湖州，遂在此定居，至家驊為第十六代。累世經營南貨業。父雪舫，母姚氏。家驊為幼子，大兄家麟（祥生），二兄家騏，及兩姊一妹，尚有兄姊各一人，皆不育。

家驊六歲（1898）入鄰舍私塾，啟蒙師為江梅村。十一歲（1903）改入縣城馬軍巷沈氏家塾。是年六月喪父，翌年四月喪母，改入北壩沈氏家塾，始讀《四書》。十三歲，改入南潯正蒙學堂，十四歲，私下剪去辮子，被目為小革命黨。十五歲，改入南潯公學，年底畢業。十六歲（1908）赴上海，在通運公司識張人傑（靜江）。是年九月，考取同濟德文醫學校，為自費生，隨納少華博士（Dr. Nasauer）習德文。升入二年級後，史地、動植

物、理化等課，均由德人教授。十八歲（1910），因受曹礪金、沈士遠、沈尹默諸師影響，已具革命思想，見報載汪兆銘（精衛）謀刺攝政王消息，大受感動。乃於六月赴南京，欲謀刺兩江總督張人駿。十九歲（1911），聞黃花岡起義消息，與學友徐霽生等發起組織中國敢死團。八月，武昌起義，敢死團籌備在滬起義工作，推家驊為駐漢代表，乃偕黃伯樵等二十餘人赴漢口。因從軍未果，被紅十字會派至德國人組織之重傷兵醫院服務，歷時三個月。

民國元年（1912），家驊二十歲，結束醫院工作，於一月底返滬，方知敢死團曾參加攻打江南製造局之役，對上海光復不無貢獻。在通義銀行識吳敬恒（稚暉）、李煜瀛（石曾）等人。時同濟籌辦工科。改稱同濟醫工學校，乃返校，改入工科。

1914年3月，隨張人傑乘西伯利亞鐵路臥車赴德自費留學，先到蓋爾森教堂城（Gelsenkirche）之荷蘭礦場實習半年，於10月入柏林礦科大學攻讀。

朱家驊院長
（任期：1940年9月～1957年10月）

1916年10月，礦科大學併入工科大學，為第七院，家驊參加考試後升三年級，時值第一次世界大戰，德國學生多已從軍，依規定一班不滿三個德國學生不能開課，家驊班上經常僅有三個中國學生，故無法繼續求學，遂於12月15日離開柏林，取道丹麥、瑞典、芬蘭、俄國回到上海。

1917年4月，我國對德絕交。8月初，家驊與程亦容女士在北京結婚，1942年春離異。1946年2月12日，與王文淵女士結婚。

二、任教北大與再度留學

1917年9月，經沈尹默介紹，應北京大學聘，教授本、預科德文、時年僅二十五歲，在全校教職員中，為最年輕之一人。羅家倫（志希）、蔣復璁（慰堂）等，皆其時之高足。1918年5月，教育部選派十人留學，北大校務會議通過以家驊為部派赴瑞士專攻地質學之教授。7月底，偕眷與李濟（濟之）、徐志摩等百餘人同船赴美，抵紐約候辦赴歐護照時，利用時間學習英語、法語。11月11日，歐戰結束。12月，乘郵輪赴法國，轉赴日內瓦。

1919年1月，進瑞士泊爾尼（Bern）大學地質系三年級。10月，轉至沮利克（Zürich）大學地質系，並在其隔壁之工科大學修習礦物學。1920年3月底，再轉柏林大學地質系。1921年5月，替北大搜集之圖書館儀器八十箱，託德國外交部免費運回國內。1922年10月，獲得哲學博士學位，仍留校研究，並遊歷歐洲各國，參觀著名大學。1924年1月9日，攜眷啟程返國。復應北京大學之聘，任地質系教授，兼德文系主任。

1925年，上海發生五卅慘案；6月3日，家驊率領北京學生示威遊行，遙為聲援。10月26日，段祺瑞臨時執政府召集之關稅特別會議在北京開幕，家驊又領導各校學生二千人在會場外要求無條件關稅自主，與段祺瑞之衛隊衝突，受傷及被捕多人。11月22日，北京各團體又在天安門外舉行關稅自主國民大示威運動。28、29日北京工學界連續在天安門舉行國民革命大示威運動，要求段祺瑞下野，家驊手執大旗前導。[註2]知識分子已積極展開政治運動。

　　1926年，「三一八慘案」發生，家驊以遭當局之忌，避入東交民巷。6月，易裝南下，7月到廣州，應何魯（奎垣）之請在中央學術院兼課。

三、中山大學時期

　　家驊之南下廣州，係應聘國立中山大學地質系教授兼系主任。該校原名國立廣東大學，1926年6月1日任戴傳賢（季陶）為校長，8月17日改名中山大學後，仍以傳賢為校長。10月16日，改校長制為委員制，特任傳賢為委員長，顧孟餘為副委員長，徐謙、丁惟汾及家驊為委員。由五人組成之委員會綜理校務。由於戴、顧、徐、丁四委員在中央另有要職，無暇過問校事，日常校務則委由家驊全權處理，為其正式主持大學教育行政之始。時校內因黨派爭執，風潮屢起，委員會於10月17日成立當天，即遵照國民政府令，公布學校停課，全面整頓：重新釐定一切規章制度，教職員一律停職另任，學生一律甄試。經此根本改造，於1927年3月1日重行開學，新聘之周樹人（魯迅）、

傅斯年（孟真）、顧頡剛等以及德籍教授多人，陸續到校。6月1日，
中山大學又改委員制為校長制，以傳賢為校長，家驊為副校長。7月4
日，因實行學區制，改名為國立第一中山大學。11月17日，廣州發生
「張（發奎）、黃（琪翔）事變」，家驊與傳賢離開廣州，二人遙領校
務，並以換班方式輪流到校；二人均離校時，則由沈鵬飛代行。1928
年2月10日，校名永遠定名為國立中山大學。

　　1929年9月23日，中山大學於校長外，選任董事九人組織董事
會，共負大學建設發展之責，以傳賢為董事長，家驊為董事之一。該
董事會直到1930年9月11日始在南京舉行首次會議，議決准傳賢辭校
長職，推荐家驊繼任，取消副校長制。翌日國務會議決議通過。家驊
乃返粵專任中山大學校長。12月4日，即奉調為國立中央大學校長，
離開廣州。四年來，正值中山大學由動盪不安轉向安定發展之時，家
驊之主要貢獻為：(1)整頓校務，安定學校；(2)革除共黨分子，肅清亂
源；(3)提高學術風氣；(4)充實設備，改善讀書環境。[註3]

四、兼綰粵浙教育及民政

　　家驊在廣州，除致力於中山大學之整頓外，亦漸漸參與實際政
治。1927年，因北伐進展，國民政府北遷武漢，廣東空虛，共黨氣焰
日熾，家驊密商廣州政治分會主席李濟琛於4月15日清黨。7月11日，
廣東省政府改組，李濟琛為主席，以家驊為省府委員兼教育廳長，8
月1日就職。[註4]

　　家驊積極推動對各地之地質調查，在廣州籌設兩廣地質調查所，
於1927年9月成立，自任所長，是省辦地質調查所規模最大者。1929

年春，暫歸中山大學接管。1932年，家驊辭去所長時，將個人地質學藏書四千多冊，全部捐贈該所。

　　1927年5月13日，國民政府任命家驊為中央政治會議浙江分會委員、浙江省政務委員兼農工廳廳長，以在廣州忙於中山大學校務，不克赴浙就任，呈辭本兼各職。10月5日，何應欽主浙，以家驊為委員兼民政廳廳長，未到任前，著陳屺懷代理。12月12日，到杭州就任。1928年11月2日，浙江省政府改組，張人傑繼任主席，家驊蟬聯民政廳長。直到1930年9月方辭去。

　　在兼縮粵、浙兩省教育、民政及中山大學校務三年中，經常奔波於兩地。其在浙江之重要政績為：(1)辦理土地陳報，清丈全省土地，實行二五減租（與在臺推行之三七五減租相同）；(2)發動戶口調查，辦理地方自治；(3)刷新人事制度，舉辦縣長考試，籌辦移民東北；(4)成立水利局，延聘德奧水利專家主持工程技術；(5)延聘奧國警政專家協助設計，創辦警官學校與地方自治專修學校各一所，並兼任校長。

五、接任中央大學校長

　　1930年10月，國立中央大學校長張乃燕與教育部長蔣夢麟失和，在報端以文電互訐。11月22日，國民政府蔣主席自兼行政院院長，於12月4日改以高魯（曙青）為教育部長，調蔣夢麟為北京大學校長，張乃燕為浙江省政府委員，家驊為中央大學校長，金曾澄接任中山大學校長。在高魯未到任前，由蔣院長兼理教育部部務，並於15日特任李

書華（潤章）為政務次長，陳布雷為常務次長。這次人事搬動，導火線為蔣夢麟與張乃燕之不睦，實為李、蔡兩系之爭，陳布雷在其《回憶錄》中民國十九年〔1930〕部分記云：

「十一月……知蔣公自兼教育部長，而欲調余入教部相助也。教部之改組，由於李（石曾）、蔡（子民）兩系齟齬，石曾先生方面常視蔣夢麟為蔡所提挈之人，……然石曾先生所汲引之人……在平、滬等處辦學成績不佳，且常蔑視教部法令，教部屢欲裁抑之，石曾先生以為難堪，主張去蔣夢麟甚力，吳稚老於李、蔡均友善，而尤同情於李，乃提議以高魯（天文學者）代夢麟為教長，將通過矣，而胡展堂先生反對甚力，即席聲言『高魯何如人，乃可託以教育行政之重任，豈不羞天下之士！』蔣公不得已，乃請於高魯未到任以前，由蔣公以行政院長名義自兼教育部長，而以李書華（潤章）為政務次長，潤章則石曾先生所提挈之人物，而在李系統中為最純謹公正之人物也。蔣公既自兼部長，因欲以余任次長。……教育行政，非所素習，而此職將調和兩大勢力之間，尤為複雜而繁難。」註5

家驊在此複雜背景下接任中大校長，行政院又嚴令教育部整頓學風，而中大位處首都，觀瞻所繫，乃首先革除學生不繳費、教授隨便不上課等積弊；並陸續延聘顧毓琇、郭任遠、沈剛伯、伍俶、蕭一山等名教授到校。不料接事未滿一年，即發生九一八事變，國難當頭，

中大學生千餘人率先於1931年9月28日赴中央黨部、外交部及國民政府請願，毆傷外交部長王正廷。全國各地學生，相繼此呼彼應，紛紛入京請願，成為風潮。12月6日，中大學生竟闖至校長室，毆傷秘書長郭心崧（仲岳）教授。家驊以學生請願越軌，當日即引咎辭職。教育部慰留，再於12日續辭。直到1932年春方正式脫離校長職務。

六、初任教育部長

1931年12月，蔣中正辭國民政府主席及行政院長兼職，由林森（子超）及孫科（哲生）分任主席、行政院長。30日，特任家驊為教育部長，力辭，並於當晚出京。

1932年元旦，林森、孫科等分別就職。在家驊未到任前，以政務次長段錫朋（書詒）代理教育部部務。孫科因財政毫無辦法，於25日辭職赴滬。28日，中央政治會議改以汪兆銘為行政院長，家驊於2月20日方就任教育部長。10月28日，又調家驊為交通部長，翁文灝繼任教育部長；惟翁並未到職，仍由家驊兼任。1933年4月21日，特任王世杰（雪艇）為教育部長，於5月8日接事。

綜計家驊這次在教育部僅一年兩個多月，其主要工作為：釐訂小學法、中學法，以及職業教育、專科教育、師範教育等法規；頒布中小學課程標準：又為掃除文盲，於推行四年制義務教育外，並發動識字運動。1932年4月，籌設國立編譯館，簡任辛樹幟為館長，經行政院會通過後，於6月14日正式成立；裁撤原編審處，將編審事宜交付編譯館辦理，除審查教科書外，並編譯各國學術專著，以普及最新知

識。[註6]1933年1月21日，派蔣復璁籌設中央圖書館，4月3日經行政院院會通過後即派蔣復璁為籌備主任。因經費無著，暫借編譯館辦公，將教育部留在北平之重要圖書四萬六千冊運至南京，作為開辦基礎。同年4月，又籌備國立博物館，派傅斯年為籌備主任。[註7]

七、三年交通部長

1932年10月28日，家驊奉調為交通部長，11月3日就任，直到1935年12月12日汪兆銘內閣總辭時解職，歷時三年又一個月。其主要工作，消極方面為清理舊債：當時郵政局、電報局、郵政儲匯局、招商局等，皆虧欠累累，日、英、德、美四國借款，積欠頗久，本息相滾，無法清償，經多方交涉，始一一解決。積極方面為致力於業務之改進與添購設備：將有線電、無線電合併經營，並配合軍政需要，興辦蘇、贛、皖、鄂、湘、川、陝、豫、魯九省長途電話網，將郵政局、電報局合設一處工作，以資便利；同時擴展中國、歐亞兩航空公司航線，南至廣州，北至北平，西北至蘭州、迪化，並試航歐亞國際航線；將招商局收歸國營，力加整頓，並添購海輪四艘，發展沿海航線。

八、主持中英文教基金董事會

交通部之各項建設，得中英文教基金會之助甚多。

1931年4月8日，「管理中英庚款董事會」宣告成立，隸屬於行

政院，以家驊為董事長。1943年，中英平等新約成立後，該會改名為「中英文教基金董事會」，仍隸行政院。

家驊主持該會工作，均遵照中央政策，以適合國家需要為前提，選定最緊急者，集中力量，儘速推行。其重要者可分為兩類：

(1) 生產建設事業：最重要的是鐵路，全國鐵路，除少數幾條外，都曾借過該會基金，或以之增添設備，或以之興工建築，尤其粵漢鐵路最難之株韶段二百四十英里，其工程全由該會投資築成。其次為水利工程，有黃河堵口、導淮三閘工程等。再如電氣、電訊、航運等事業。皆與國防民生有密切關係。九省長途電話網及西北西南無線電話網，在抗戰時期予軍政首腦之指揮以極大便利。對外之通信與宣導，國際電臺也發揮了功用。

(2) 教育文化事業：考送留英公費生九屆193人，造就各科人才；補助高等教育及研究機關之建築、設備、講座；在戰事逼近南京時，故宮博物院因經費艱窘，無法遷移，家驊令該會墊付運費，搶運重要古物一萬三千餘箱至後方；又淪陷區內公私藏書，類多散佚，該會撥款與中央圖書館合作，派人赴敵後搜購，密運重慶，現在該館所藏之十二萬冊善本書，多係當時購得。又設置內地各大學講座，為教授安排教席，以解決生活問題，並設置科學研究助理，使有志科學之青年安心研究。註8

1949年底，該會之印信及檔案全部運來臺灣，其全部餘款美金二十萬元，於1956年補助中央研究院作購地、增設研究所之建築工程款後、呈報政府結束。

九、浙江省政一年

　　1936年夏，行政院長蔣中正命家驊主湘政，以甫就任中央研究院總幹事，不便中途引去，數度堅辭，遂未實現。同年秋又有浙省之命，仍堅辭，至12月8日飛西安，謁蔣院長請示治浙方針，11日返京，即赴滬探中研院蔡元培院長病，並報告奉命主浙經過，翌晨回京，明令發表，而西安事變亦於同日發生。16日到杭州接事，[註9]並先後兼過民政、建設廳長。1937年11月26日，浙省府改組，於12月6日交卸，在任尚不足一年。

　　家驊在任內，一面趕築公路，經營民防；一面集中人才，從事經濟、文教建設。時浙江財政連年虧欠，積至八千萬元，乃力加整頓，改革積弊，至交卸時，省庫竟節餘一千餘萬元。1937年11月5日，日軍在金山衛登陸，守軍擬決錢塘江以阻之，如決口，浙江之杭州、嘉興、湖州，江蘇之蘇州、松江、太倉、常州、鎮江一帶，將立成澤國。此舊八府屬係全國精華所在，家驊嚴令阻止，得以保全。及杭州將淪陷前夕，「別動隊」擬焚城以實行焦土抗戰，亦嚴令制止，杭州倖免於難。

十、翊贊中樞時期各要職

　　1929年3月15日，家驊赴南京出席國民黨第三次全國代表大會，被推參加主席團，旋當選中央委員會及中央政治會議委員，為參預中央政治之始。及抗戰開始，「委座囑在左右相助」先後擔任多項要

職，計有：

(1) 兼代中央政治委員會秘書長：1935年12月7日，國民黨五屆一中全會推汪兆銘為中央政治委員會（即前中央政治會議）主席，蔣中正為副主席，以顧孟餘為秘書長，旋由家驊兼代。

(2) 參事室主任：1938年1月21日，蔣委員長以戰事範圍日廣，對政治、外交、經濟等問題之設計與審議，亟需專人負責簽擬，以憑審擇決定，爰在軍事委員會內設參事室，派家驊為主任。4月21日，改派王世杰接充，於5月6日接事。註10

(3) 中央執行委員會秘書長：1938年4月8日，五屆四中全會選家驊為中央委員會秘書長，又決定設置黨務委員會，輔佐中央常會，家驊以秘書長兼主任委員。時中德關係發生變化，原定以專使名義奉派赴德事因此作罷。

(4) 三青團代書記長：1938年7月9日，三民主義青年團中央臨時幹事會在武昌成立，以陳誠（辭修）為書記長。時陳誠因軍事倥傯，肩膺重寄，由家驊兼代，展開籌備工作。1939年9月1日，三青團正式成立，改組中央臨時幹事會為中央幹事會，同時組織中央監察會，仍以陳誠為幹事會書記長，家驊則被選派為中央監察會監察之一（共35人），並與王世杰、邵力子、陳布雷、羅家倫等五人任常務監察，監督團務之進行。註11至1947年9月，國民黨六屆四中全會，決議將三青年團併入國民黨。

(5) 中訓團黨政教育處長：1939年3月1日，中央黨政訓練班第一期在重慶南溫泉開學，家驊任黨政教育處處長。自第二期起，訓練地址改在重慶城外浮圖關（旋改為復興關），至7月5日第三期結業後

辭職。註12

(6) 中統局長：1938年元旦，行政院改組，陳立夫辭去國民政府軍事委員會調查統計局局長職。該局係1932年為避免陳立夫與戴笠（雨農）兩特務體系之明爭暗鬥，予以合併而成之組織，惟內部仍不諧。陳立夫辭後，蔣委員長為增加抗戰力量，予以改組，將原有之三處擴編為三個公開組織：第一處改隸國民黨之「中央調查統計局」（簡稱中統），家驊以中央秘書長身分兼任局長，原任處長徐恩曾（可均）為副局長，負實際責任，局長只做原則性指示；第二處改隸國民政府之「軍事委員會調查統計局」（簡稱軍統），由軍委辦公廳主任賀耀組兼任局長，原任處長戴笠為副局長；第三處改隸軍委會辦公廳之特檢處，主管郵電檢查，以原任處長丁默邨負責。從此中統、軍統並立。中統局於1938年5月成立，軍統局於同年8月成立，兩局間之矛盾，有增無減。家驊與副局長徐恩曾最初三年尚能合作，之後亦不免交惡。1940年，中統局增設特種經濟調查處（簡稱特經處），搜集敵後中共佔領區共軍在各戰區活動情報，於1946年結束。1947年秋，中統局亦撤銷。註13

(7) 組織部長：1939年12月4日，家驊就任中央組織部長，仍兼中統局長，中央委員會秘書長由葉楚傖接任。1944年5月20日，五屆十二中全會在重慶召開，家驊欲恢復下級黨部選舉制度，不見諒於黨內人士，遂辭職。四年半中，對戰地政務、邊疆黨務、學校黨務、婦女運動、以及農工訓練等，都有相當成績。

十一、重任教育部長

　　1942年1月5日，家驊就任考試院副院長，在考銓制度方面，多所獻替。1944年11月20日，調任教育部長，於23日辭去副院長職，12月4日到教育部接事。時值中原及湘桂戰事失利，該地區學校之損失很大，立即採取應變措施。1945年上半年，收容豫、湘、贛、粵戰區學生四萬一千餘人，在各地設立進修班、聯合中學或戰時中學，予以安置，全部公費。8月，抗戰勝利，一面忙於各大學之復員，一面召開全國教育善後復員會議，妥籌淪陷區教育文化之接收工作，力主藉各校復員之機，在地域分布上作合理調整，使全國教育得以平衡發展。至因戰事失學之青年，人數眾多，如何予以救濟鼓勵，使其復學，亦為重要工作之一。惟復員以後，共黨到處鼓動學潮，此平彼起，令教育部窮於應付。又在百忙中從事課程標準之修正，於1945年指定四個師範學院徹底檢討，至1948年方告完成。

　　1948年底，首都南京危急，家驊又全力募款、爭取交通工具，將故宮與中央博物院之文物四千數百箱（包括當年運往倫敦展覽之精品五百箱）、中央圖書館重要善本書六百餘箱、以及中央研究院歷史語言研究所之古物與圖書一千零幾箱，搶運至臺灣；並呈請蔣總統派專機接運北平教育文化界重要人士胡適、梅貽琦、陳寅恪等人脫離危城。

　　家驊此次重任教育部長，歷經蔣中正、宋子文、張群、翁文灝四任內閣。1948年12月20日，孫科內閣組成，調家驊任行政院政務委員，教育部長由梅貽琦繼任，於22日交卸。

　　1949年6月5日，閻錫山（伯川）組閣，號稱「戰鬥內閣」，大局

1948年9月23日，朱家驊院長（前排中）在南京主持中研院成立第二十週年紀念會暨第一次院士會議。

已不可為，家驊於12日臨危受命，擔任副院長。12月31日，閻內閣結束，家驊辭去副院長職務，直到1950年3月1日蔣總統復行視事，方告解除，獲聘為總統府資政。其參加閻內閣一事，蔣總裁頗不諒解。

十二、中研院十八年

　　1927年10月，中華民國大學院之大學委員會成立，家驊以廣州第一中山大學副校長身分為該委員會當然委員。時中央研究院尚隸屬於

1957年4月4日第二次（還台後之第一次）院士會議，出席院士合影，左起：蕭公權、李先聞、王世杰、朱家驊院長、凌鴻勛、董作賓、李濟、李方桂。

大學院，故也參與中研院之籌備工作，並於11月被推為地質調查所（翌年1月改名地質研究所）籌備委員之一。註14 1935年6月20日，當選中研院第一屆評議會聘任評議員。1936年1月5日，總幹事丁文江（在君）病逝。6月，應蔡元培院長之請繼任總幹事，於15日到任。註15 1937年，以主持浙江省政太忙，請傅斯年代理總幹事。1938年，傅斯年不肯繼續代理，而家驊所兼黨、團等職務，較前尤為繁重，乃於12月由任鴻雋（叔永）繼任。傅斯年曾說：「中研院設總幹事一職，本是『內閣制』。」註16 可見總幹事對中研院之重要。1940年3月5日，蔡元培病逝香港，評議會於3月22及23日開會，選出三位院長候補人：家驊與翁文灝各得24票，胡適20票。遲至9月18日方派家驊為代理院長，於20日就職。直到1957年10月辭職，1958年1月11日移交，主持中研院院務達18年之久。註17

家驊擔任中研院總幹事及代院長期間，正值國家多事之秋，先是抗日

戰起，自京滬西遷，並隨戰事之變化不斷播遷，各研究所散處大西南各地；勝利後，再陸續復員京滬。喘息甫定，又遷臺灣。抗戰前，該院已設有十個研究所，在抗戰期中，又增設數學、醫學、體質人類學三個研究所籌備處，並將動植物研究所各自獨立成所。雖一再播遷，飽嘗顛沛流離之苦，仍能繼續成長發展，而研究工作也未中輟。1945年秋，又籌設近代物理（即原子能）研究所，雖未完成，亦可看出領導者能掌握學術發展之方向。1949年大陸撤退時，因時間倉促，交通困難，而經費無著，只有數學與歷史語言兩研究所來到臺灣，家驊又擔負起籌措經費、找尋院址、購地建屋等起死回生之重任，不僅陸續重建植物、化學、動物三研究所，並增設近代史、民族學兩研究所。

　　中研院評議會之成立，是丁文江任總幹事時為該院立下之百年大計；至於院士會議，則為家驊之重大貢獻。自1946年10月開始籌劃，至1948年3月26日選出第一屆院士81人，家驊當選為數理組院士。9月23日舉行第一次院士會議，中研院之體制，才算完成。惟翌年大陸即告失守，多數院士及第一次院士會議所選出之第三屆評議員32人，滯留在大陸，在臺者均不足法定人數。只有使兩會照常集會，恢復其職權，才能使中研院從半停頓狀態中納入正軌。經多方討論，終於想出「以報到登記人數為實有全體人數」之辦法，呈奉總統令准後，於1957年4月2日在臺舉行第二次院士會議，4月3日舉行第三屆評議會首次會議。停頓已八年之院士會及評議會集會問題，獲得解決，為中研院在臺之復興奠定了基礎。[註18]

十三、促進國民外交

　　家驊於1924年自德國學成返國後，即熱心推動中德文化之聯繫，在中山大學時，曾聘請有名之德國學者如古底克（Dr.Kodik）、芬茨爾（Dr.Venzel）等多位到校任教。自1927年起，受蔣委員長之託，陸續介紹德國軍界耆宿來華擔任軍事顧問，如鮑樺爾（Oberst）上校、西戰場作戰局長佛采爾（General Wetzell）將軍、前國防部長並被德人譽為「國防軍之父」的薩克脫（General Oberst von Secket）將軍，以及法肯豪森（General Leutnant von Falkenhausen）將軍等，俱擔任國防建設要職，使兩國之文化與政治軍事合作，達到高峰。1933年，創中德文化協會，任理事長；政府遷臺後，仍繼續維持該會，中德雖無政治邦交，德政府仍贈我獎學金名額，該會亦邀請德國科學家、藝術家、政治、經濟及工業方面之專家學者來華訪問。

　　促進中韓關係，是其另一重大貢獻。自1938年10月起，奉命協助韓國

1959年10月24日，朱家驊（左）主持聯合國日酒會時與胡適合影。

革命復國運動，以及在華之韓國臨時政府人員。除執行政府之既定政策外，亦深具濟弱扶傾之歷史道德意識，誠心相助，發動組織韓國光復軍；並於1942年在重慶成立中韓文化協會。中央研究院近代史研究所將家驊捐贈之檔案中有關其協助韓國者，輯印一冊為《國民政府與韓國獨立運動史料》，於1988年9月出版。

聯合國同志會的工作，也深為家驊所重視。1936年春，他繼熊希齡當選中國國際聯盟同志會會長，出版《世界政治》等刊物。1938年任國聯同志會世界協會副會長。1945年，國聯解體，聯合國成立，乃將國聯同志會改組為聯合國中國同志會，又當選為聯合國同志會世界協會名譽會長。1949年冬，聯合國中國同志會撤退來臺時，全部文物損失殆盡，至1950年6月，始恢復工作，仍由家驊主持會務，本著聯合國憲章之基本精神，為維護和平與正義繼續努力。

與聯合國中國同志會有密切關係者為大陸雜誌社，成立於1950年7月15日，家驊兼任董事長，董作賓為發行人。聯合國同志會舉辦過很多次座談會，所談之問題包括一切國際問題，如經濟、政治、法律、哲學、史學、教育、衛生等，其紀錄則交由此綜合性之學術刊物《大陸雜誌》發表。家驊晚年，辭去所有公職，更全神貫注在同志會會務與《大陸雜誌》方面，不廢不懈。

十四、結語

家驊早歲參加革命，五十餘年來，所擔任者皆極其繁重之職務，而且常數職兼顧，又更調頻仍。由於他對任何工作都十分認真，體力

經常透支，健康受損。1944年曾患胃潰瘍症，至六十歲以後，遂常為腸胃病所苦；晚年則腦血管硬化，心臟擴大，終於1963年1月3日以心臟病逝於寓所，年71歲。3月25日，蔣總統明令褒揚。茲將令文錄後，以明其重要生平及貢獻所在：

「總統府資政朱家驊，學術湛深，器識宏遠。早歲篤志革命，任事陳力。北伐以來，歷任廣東省民政廳長、教育廳長，浙江省民政廳長，國立中山、中央大學校長，教育部長，交通部長，浙江省政府主席，考試院副院長暨行政院副院長等職。宣勤政教，佐理樞衡，建樹孔多，勳勞懋著。其間代理中央研究院院長，再歷艱難，善為規劃。綜其生平，屢膺繁劇，卓有聲稱。復致力國民外交，先後主持中德文化協會及中華民國聯合國同志會，咸徵績效。當茲復興之會，幹略夙昭，方資倚畀，遽聞溘逝，軫悼殊深。應予明令褒揚，以示政府篤念勳藎之至意。此令。」

（原載：國史館編印，中華民國史稿：《國史擬傳》，第6輯，pp.19-40，1996年6月出版。）

附記： 本文主要參考胡頌平著《朱家驊年譜》（臺北：傳記文學出版社，1969年10月1日，初版）及國史館編印《中華民國史事紀要》各有關年份，恕不一一註明。

【注釋】

註1：清光緒十九年為民國前十九年，〈故總統府資政朱公驊先生墓誌銘〉誤作民國前十八年。

註2：李璜：《學鈍室回憶錄》（臺北：傳記文學社，1973年7月15日，初版），頁124～125。

註3：黃福慶：《近代中國高等教育研究——國立中山大學（1924～1937）》（臺北：中央研究院近代史研究所，1988年6月，初版），頁18～93。

註4：丁致聘：《中國近七十年來教育記事》（臺北：商務印書局，1961年5月，臺一版），頁142。

註5：《陳布雷回憶錄》（臺北：傳記文學出版社，1967年1月1日，初版），頁79～80。

註6：丁致聘：《中國近七十年來教育記事》，頁261～263。

註7：丁致聘前書，頁275、278～279：又參考蔣復璁：〈朱驊先生對於中國圖書館及博物館的貢獻〉，收在《朱家驊先生逝世紀念冊》（臺北，大陸雜誌社編印，1963年6月印行），頁266～267。

註8：朱家驊：《中英文教基金董事會概況》，收在王聿均、孫斌合編：《朱家驊先生言論集》（臺北：中央研究院近代史研究所，1977年5月，初版），頁339～406。

註9：1992年2月17日，追隨朱先生多年的方志懋先生電告，蔣委員長初對張靜江先生非常尊敬，關係十分密切，後來可能為張反對蔣棄陳潔如、娶宋美齡事鬧翻。1936年張先生任浙江省主席，朱先生為中研院總幹事，蔣令朱去接張之省主席，張、朱交情頗篤，不無藉此離間之嫌，朱頗有難色，特於12月8日飛西安請辭。蔣促速往就任，謂即交國府發表（12月12日發表）。方先生認為此語殊欠妥，蔣為軍事委員會委員長，非國府主席，怎可交國府發表？其目無體制，類此之事甚多。朱先生於11日返京，12日西安事變發生，16日到杭州就任浙江省主席。

註10：《王世杰日記》（手稿本，臺北：中央研究院近代史研究所編印，1990年3月，初版）第一冊，頁168、249。

註11：《三民主義青年團團史資料》第一輯，初稿，上編（南京，三民主義青年團中央團部編印，1946年8月，初版），頁20、56、94。

註12：王東原〈記先總統蔣公的喜怒哀樂〉（《傳記文學》第59卷，第4期，1991年10月1日出版）及陳桂清〈蔣公怒斥朱家驊獻鼎〉（《傳記文學》第60卷，第1期，1992年1月1日出版）兩文，都談到朱家驊獻鼎事，1992年2月17日，方志懋先生電告，所記獻鼎事與事實有些出入。緣當時適值廢除不平等條約，與英美互換新約之際，為慶祝國家地位提升，乃有獻鼎頌揚蔣公之議；初擬獻一鼎，取其與英美鼎足而三之意，上刻文字記蔣公之功勳，有一陸姓老立委建議改送九鼎，所傳禹貢九鼎，係指九州，即代表華夏也。朱乃聘顧頡剛主其事、並詳細簽報蔣公，蒙批一「閱」字，即表示不反對也。不料在中訓團紀念週會上呈獻時，蔣公竟怒責朱家驊先生，朱先生含冤不作任何表白，而在場之上千學員只看到表面，未知事先蔣公已批閱之真相，曾哄傳一時，至今尚無人將真相告知世人。我勸方先生據實寫出來，為歷史保留一點真相。方先生說，他與當時也曾參與其事之楊西崑先生商談，楊先生認為不必寫，為蔣公保留一點顏面。方先生謂蔣反覆無常之個性，不知害了多少人、壞了多少事，甚至大陸之丟掉亦與此個性有關。今方先生、楊先生都已歸道山，謹就記憶所及，酌記方先生電告之要點，為歷史留一紀錄。

註13：參徐恩曾等著：《細說中統軍統》（臺北：傳記文學出版社，1992年6月30日，初版）。該書係由數位作者執筆之回憶文字集成，由於中統、軍統屬地下工作組織，史料尚未公開，也可能未保存史料；各當事人之回憶，在時間、名稱等方面，容有互相出入之處。本段係綜合各家之說寫成。

註14：《大學院公報》，第一年，第一期（1928年1月，初版），頁155、156。

註15：高平叔主編：《蔡元培文集》（臺北：錦繡出版公司，1995年5月，初版），卷14，日記（下），頁206、208。

註16：蔣夢麟：《新潮》（臺北，傳記文學出版社，1967年9月，初版），頁105。

註17：陶英惠：〈胡適與蔡元培〉，刊《郭廷以先生九秩誕辰紀念論文集》，（臺北：中央研究院近代史研究所，1995年2月，初版），上冊，頁28～35。

註18：楊樹人：〈中央研究院最近的十年〉，見《朱家驊先生逝世紀念冊》，頁325～344。

一、前言

朱家驊（騮先）先生，光緒十九年癸巳四月十五日（1893年5月30日）生於浙江省吳興縣。光緒十九年為民前十九年，〈故總統府資政朱公騮先先生墓誌銘〉及〈傳略〉、事略均誤作民前十八年。今年農曆四月十五日為陽曆五月十八日，是他108歲冥誕。中央研究院對於已故世的院長，照例在其生日時舉行紀念演講會，藉表懷念之意。朱院長因在台灣大學設有獎學金，所以其生日演講會，向由中研院與台灣大學合辦，同時頒發獎學金給地質系及地質研究所的績優學生。起初將日期定在他農曆生日那天，所以每年都要換算成陽曆，相當麻煩；自1986年起，乃與台大商定在每年陽曆的5月30日舉行。

中研院所以與台大合辦朱先生的生日演講會，照錢思亮院長在〈朱騮先先生八十冥誕致詞〉中的説法：1948年冬天，大陸軍事

緊急的時候，朱先生正在主持教育部，他

> 「看到台灣大學就要成為戡亂時期的教育重鎮，並且為準備
> 安頓大陸撤離來台的學人起見，適時的呈奉總統核准，請傅
> 〔斯年〕先生來主持這所學校，這一個措施實在很有深遠意義
> 的。台灣大學由於朱先生的明智安排，得在傅先生的領導之
> 下，迅速邁進穩定進步的大道。所以，台灣大學共同來紀念
> 朱先生，是和中央研究院同樣的具有深切意義的。」[註1]

朱先生為台大物色了一位好校長——傅斯年先生，而錢思亮先生係繼
傅先生為台大校長、並為中研院第五任的院長，他這段話，是親身的
體會，所以特別中肯。

今天，國立中央大學及國立中央大學學術基金會也來聯合舉行紀
念演講會，共同追懷朱先生，那是因為朱先生於1930年12月4日接任
中大校長的關係。其任校長雖然只有短短一年的時間，即調任教育部
長，但是由於他的知人善任，也為中大物色了一位好校長——羅家倫
（志希）先生。當時全國各地的大學學生，受不了外侮的刺激，學潮
迭起，而首都為尤甚，中大也陷入了不安定狀態。自從羅先生出任校
長後，朱先生在教育部全力支持，不僅使中大迅即恢復了常態，並不
斷的進步和發展；及抗戰爆發，在日軍飛機的炸彈下，又全部遷到重
慶沙坪壩。後來朱先生常對朋友說：「我逼志希擔任中大校長，苦了
志希，救了中大。」[註2]這兩位老校長對中大的關懷、支持和貢獻，至
今仍然一直為中大的師生所感念！

　　余生也晚，在朱院長逝世一年半後——即1964年7月1日——才到中研院服務。今天在座的許多位前輩，如萬紹章先生、方志懋先生等，曾追隨朱先生多年，承惠賜很多珍貴資料，至為感謝！這次臨時受命報告朱先生與中研院的關係，深感惶恐！既不容推辭，惟有勉力而為，敬請多予指教。

　　朱先生以學者從政，歷任黨政方面的要職。他一生對國家社會之豐碩貢獻，實為近代史上所僅見。他雖曾擔當過多方面的繁重任務，但與中研院的關係，竟連續長達三十多年之久，由擔任地質調查所籌備委員、評議會評議員、總幹事，並於蔡元培院長逝世後，繼任為代理院長。抗戰勝利後，中研院的復員以及播遷來台的重建與發展，都是朱先生對中研院不可磨滅的重大貢獻。

二、參與中研院籌備工作

　　1927年5月9日，中央政治會議第90次會議，議決設立中央研究院籌備處，並推定蔡元培、李煜瀛、張人傑等六人為籌備委員。6月，蔡元培又在中央政治會議第102及105次會議中提出組織中華民國大學院，作為全國最高學術教育行政機關。至是，籌設之中研院，遂成為大學院中附屬的機關之一。10月，著手籌備。11月20日，舉行中研院籌備會及各專門委員會聯合成立大會，討論中研院組織大綱及籌備會進行方法。這時朱先生以廣州第一中山大學副校長的身份，為大學院大學委員會之當然委員，由於中研院尚隸屬於大學院，所以也參與中研院之籌備工作，並被聘為中研院地質調查所籌備委員之一，徐淵摩

為常務委員，翁文灝、李四光、諶湛溪、李濟為委員。^{註3}

朱先生為推動對各地之地質調查，曾於1927年5月在廣州籌設兩廣地質調查所，自任所長，是省辦地質調查所規模最大者。11月17日，廣州發生「張（發奎）、黃（琪翔）事變」，又有共黨暴動，調查工作大受影響，所中人員陸續離開，葉良輔、謝家榮等即轉至中研院地質調查所任研究員，朱先生亦應聘為通訊研究員。^{註4}1928年1月，該所更名為地質研究所。

據朱先生說，中研院的外文名稱，就是採用他的建議：

> 「到了民國十七年〔1928〕初，記不起是那一天，蔡先生在大學院召開了一個談話會，第一次討論到創辦本院的工作。當時參加者除了蔡先生外，尚有吳稚暉、李石曾、褚民誼、楊杏佛諸先生與我共六人，會中主要討論本院外文名稱，大家都主張用英文譯名，我提議用拉丁文Academia Sinica，大家以為此名稱涵義過於廣泛，未作決定，及正式成立時，還是採用了這個名稱。」^{註5}

此外，評議會的設立，朱先生也曾從旁協助。1934年5月，丁文江接任中研院總幹事後，便積極著手籌設評議會，在朱先生的支持下，順利於中央政治會議中通過，國民政府於1935年5月27日頒布「中央研究院評議會條例」。據朱先生在〈丁文江先生與中央研究院〉一文中說：

「他對評議會組織條例的起草，和第一屆評議員的產生方
法，與有關方面經過不斷的商討，幾次再審，補充修正，才
始完成，真可謂費盡心血。那時我仍在交通部長任內，他顧
慮中央不能通過，常常跑到交通部和我往復磋商，我深深為
他這種辦事精神所感動。最初我對於評議員只限於中央研究
院已有的研究科目，其他學科的人員並不包括在內，頗有異
議。他力勸我不要再堅持，不必再擴大範圍，以免發生其他
枝節。他的苦心孤詣，使我終予同意，並在中央政治會議予
以支持。」註6

評議會的成立，是丁文江替中研院立下了百年大計，僅就決定院
長人選一事而言，亦使中研院有了穩固而比較獨立的基礎。1935年6
月20日，在南京舉行第一屆評議員選舉會，選出聘任評議員30人，朱
先生當選為地質學之評議員。9月7日，正式成立評議會。

1940年3月23日，首屆評議會第五次年會第四次會議在重慶舉
行，選出第二屆聘任評議員30人，朱先生又當選為地質學之評議員。
同年7月，第二屆評議會成立。1948年9月23日，中研院舉行第一次院
士會議，選出第三屆聘任評議員32人，朱先生時任代理院長，為當然
評議員，並任議長。1958年4月10日，第三次院士會議加選朱先生等
五人為第三屆聘任評議員。1960年春，朱先生再當選為第四屆數理組
聘任評議員，直到病逝為止。

三、繼任中研院總幹事

1. 繼任中研院總幹事與辭職的經過

　　1936年1月5日，中研院總幹事丁文江病逝於長沙湘雅醫院。1月12日，中研院開院務會議，討論丁總幹事故世後追悼、撫卹及紀念等問題，也曾就總幹事繼任人選問題交換意見。據與會之氣象研究所所長竺可楨記云：

> 「五點，蔡先生討論繼任人選問題。計有翁詠霓〔文灝〕、任叔永〔鴻雋〕、胡適之〔適〕、朱騮先、李潤章〔書華〕等。余主張詠霓，但孟真〔傅斯年〕、滌三、寬甫〔徐韋曼〕諸人皆反對，謂其脾氣太壞，不易合作。孟真主張騮先或適之。子競〔周仁〕則以為人選應嚴重考慮，不然以巽甫〔丁燮林〕暫代為是。九點半散。」註7

　　總幹事一職，遂暫由物理研究所所長丁燮林兼代。據朱先生在〈丁文江與中央研究院〉一文中云：

> 「當時我已離開交通部，蔡子民先生自上海來函要我接任總幹事，一面又請孟真與在京數位所長一再相促，我因脫離學術研究工作多年，數度婉辭未果，不得已於五月間到院，接替他〔丁文江〕的工作。」註8

朱先生實際到任的日期應為1936年6月15日，蔡元培在其《日記》^{註9}中留有致聘的簡單紀錄：

> 六月一日「騮先到京，約一談。欲請任總幹事。」（頁206）
>
> 六月十日「獻廷〔中研院文書主任王獻廷〕赴京，攜我致騮先函。」（頁207）
>
> 六月十五日「得騮先電，言本日已參加本院在京紀念週，定於十八日來滬晤談。」（頁208）
>
> 六月十九日「午前十時，騮先來。午後二時，院中備茶點，集全體同事，歡迎新任總幹事朱騮先。」（頁208）

這時中研院已有十個研究所，分設京、滬兩地：物理、化學、工程三研究所在上海，心理、地質、天文、氣象、歷史語言、社會科學、動植物七研究所在南京；行政中心之總辦事處也在南京。蔡院長則避居滬上，另設有駐滬辦事處，很少來京，實際統贊全局的則是總幹事，總幹事是院內實際行政的中樞，可以放手去做，蔡院長只總持大體，不務瑣屑干涉，照傅斯年的說法就是「內閣制」。由此可知總幹事一職在中研院的地位及重要性。

　　朱先生接任總幹事時，尚兼代中央政治委員會（即前中央政治會議）秘書長；甫就任總幹事，行政院長蔣中正要調他出任湖南省政府主席，朱先生以不便中途引去，數度堅辭，遂未實現。1936年秋，又命接任浙江省主席，仍懇辭，至12月12日明令發表，無可再辭。11日赴滬向蔡院長報告奉命主浙的經過，16日到杭州接事。對於中研院之

院務，勢難兼顧，惟因蔡院長在上海患重病，瀕危者再，不便言辭，又不能不去浙江接事。當他不在南京時，總幹事職務則託史語所所長傅斯年代為照料。直到抗戰發生，院中同仁仍不准他辭總幹事，而蔡院長猶在病中，也不敢讓他知道，怕他煩心。註10個中原委，朱先生在〈悼亡友傅孟真先生〉一文中曾有扼要的記述：

> 「廿五年〔1936〕春，我應蔡先生之約，任中央研究院總幹事，冬間奉命主浙，一再堅辭未果，而勢難兼顧，其時蔡先生又患重病在滬，同仁等集議結果，要我暫勿向蔡先生提起，只得勉強拖延下去。雖有時亦分身到院工作，但所有事務，都偏勞孟真代為處理。次年七七之變，淞滬戰事旋起，浙江首當其衝，不能稍離，而京中告急，更無法兼顧院事。在這一年餘之中，院內諸事，無論巨細，悉承孟真照料，甚至全院西遷，也都由他一手辦理。廿七年〔1938〕夏，蔡先生始准我辭。」註11

　　1937年11月15日，蔡院長接朱先生函，辭總幹事，並薦傅斯年以自代。翌日復函勸勿辭。12月6日，朱先生交卸浙江省政府主席，奉命前往漢口。蔡院長於1938年1月13日電朱先生，請即回院視事。朱先生抵漢口後，蔣中正即「囑在左右相助」，擔任多項要職：參事室主任、中央執行委員會秘書長、三民主義青年團代書記長、中統局長等，必須隨節駐鄂，不能遠離，公務之繁劇，不言而喻，對於院務，勢不能兼顧，故多次懇辭。1938年3月3日，蔡院長當面向朱先生及

傅斯年、丁燮林、莊長恭、周仁、竺可楨、李四光、汪敬熙等所長宣告：「騮先無論到何地，總幹事之名不能取消，仍請孟真代理。」其挽留之誠意，躍然紙上。後因朱先生仍堅辭，而總辦事處遷渝，史語所遷滇，傅斯年有兩處難以兼顧之感，不僅不肯再代行總幹事職務，並要辭去史語所所長。蔡院長不得已，乃分函各所所長徵詢繼任人選意見，有主張任鴻雋者，也有因為任鴻雋不是評議員，而主張王世杰者。蔡院長再函請王世杰繼任，王世杰也以公務太忙，連兼任也不可能。乃於11月9日面請任鴻雋接任總幹事，獲得同意，並於11月29日自香港飛渝就任。朱先生方得擺脫總幹事職務。註12

　　蔡院長所以堅留朱先生擔任總幹事，甚至僅居名義亦可，主要的原因之一是他在政府工作，有豐沛的人脈，可為中研院爭取經費。氣象研究所所長竺可楨在其1938年9月21日日記中即作此看法：

　　「仲揆〔李四光〕云：騮先決辭職，傅孟真⋯⋯遂薦三人於蔡
　　先生，即吳政之〔有訓〕、丁巽甫及任叔永。余謂三人均佳，
　　但吳、丁二人素與政府無往來，將來取款不無困難耳。」註13

2. 總幹事任內的重要建樹

　　(1)計畫各研究所集中南京：中研院係國家學院，各研究所理應集中在首都南京；在成立之初，也呈請國民政府將清涼山一帶劃定為院址，唯因南京市政府遲遲未能交付清涼山土地，而國民政府也未撥給建築費，故無法集中辦公，各研究所分散於京滬兩地。1930年1月29日，國民政府轉送中央政治會議之決議案，嚴令中研院於4月以前

一律移至南京。楊銓（杏佛）總幹事為此曾於十四日之內往返京滬八次，與行政院及國民政府疏通，仍未成功。可是既無土地又無建築費，實在無法集中。註14

到朱先生接任總幹事後，尚有工程、物理、化學三個研究所設在上海。他覺得南京雞鳴寺山麓北極閣的院址狹小，環境也不適宜，為將上海的三個研究所移至南京集中，便在中山門外勘定了二千畝地皮，作為整個院址。由於購地手續十分複雜，到了1937年尚未辦妥。旋因抗戰爆發，全院內遷而中止。註15

(2)加強與各研究組織及各大學之關係：近代中國在飽受西方船堅砲利的凌辱以後，不得不急起直追，在用不同的方式去努力發展科學。「五四」以後，學術團體次第成立，各大學亦相繼添設研究部門。在所有從事科學研究的團體中，規模最大而相當完備的，自屬中研院。朱先生到院後，就認為不能只做關門研究，曾說：

「除自身從事研究工作之外，對外應與其他研究組織密切聯繫，並與各大學溝通。至於本身研究工作，也要同時注意培植後進，故開始招收研究生，並設法與各大學、各學術機構進行各種合作。」註16

他又在〈三十年來的中央研究院〉演詞中說：

「依本院規定，院中研究人員，不得在外兼課，俾得專心研究工作。我覺得研究人員，如不在大學教書，則不易明瞭大

學情形，尤其不易物色後進，而且當時各大學師資缺乏，本院殊不易羅致許多人才，不與外界聯繫合作。故我接事後，在院務會議提議，依照政府公教人員規定，研究人員，可在各大學兼課四小時以內，並可利用本院設備，招收研究生，自己造就人才。……但各所對此也不甚熱心，故未辦成。」註17

現在，中研院之研究人員，仍可在外兼課四小時；惟招收研究生事，因涉及授予學位等問題，至今尚無妥善辦法解決。

(3)抗戰期間全院不斷的播遷：1937年七七抗戰發生，中研院即全部西遷。朱先生洞燭機先，早已預作準備：

「從民國二十五年〔1936〕秋天起，中日戰爭風雲日急，我們預料戰爭必將爆發，計劃把本院遷移後方，即作種種準備，地質研究所先將一部分移往廬山，院本身並在長沙籌設工作站，預備在戰爭發生時，可以應變搬遷。及七七事變發生，我在廬山，蔡先生病體未復，我即趕回南京和同人商量遷移工作，尤其與傅所長磋商一切，託其照料遷移工作。第一步遷移工作，先將各所集中長沙，除了上海工程理化三所，有部分設備寄存外，各所全部設備和人員都移到長沙集中。」註18

當時限於運輸工具及交通之困難，各研究所不得不分程疏遷。及長沙危險時，又作第二次疏散。自淞滬戰事後，浙江首當其衝，朱先生為省主席，不能稍離，而京中告急，更無法兼顧院事，皆由傅斯年代為

料理。蔡院長於1937年11月27日搭船離滬，29日抵香港，因健康關係便一直留在香港，並未隨院西遷。1938年2月28日，蔡院長在香港主持院務會議，朱先生及十個研究所所長均到會，決定：(1)地質、動植物、心理、社會科學四所，既在桂林、陽朔開始工作，不必再徙昆明。(2)氣象所及總辦事處准在重慶，天文所至昆明。(3)歷史語言所在昆明，與第一臨時大學合作。(4)物理、化學、工程三所之儀器、書籍、雜誌、機器等，遷移較易及適於在內地工作者，遷昆明；其不能遷者，在上海保存。[19]會議以後，各所乃分向桂林、昆明、重慶三地集中。1938年11月，戰線又向西伸；1944年，日軍並企圖進犯桂林，部分研究所不得不再作第三次或第四次之遷徙。

各研究所之不斷播遷，所需車輛極多，而西南之所有交通運輸工具，都為支援前方軍事而嚴加管制，實難供應，連通行關卡也不容易。至於申請遷移經費，尤多周折。均賴朱先生運用公私關係，協助傅斯年一一解決，使各研究所遷到安全地點，繼續工作。[20]

四、代理院長十八年

1. 出任代院長經過

1940年3月5日，蔡元培院長病逝香港。依法要由評議會選舉繼任院長候補人。此為評議會第一次行使推舉院長候補人的職權，不能不格外慎重。由評議會推舉院長候補人，旨在避免政治干預學術，立意雖好，可是實際去做，仍不免有些困擾。

在評議會集會選舉院長候補人之前，各評議員紛紛就可能的人選交換意見。大家所屬意的人有：胡適、翁文灝、朱家驊、王世杰、任鴻雋等。其中爭議最少的是胡適，很多人表示，他是蔡院長最適當的繼承者；但是正在擔任駐美大使，有重責在身，恐不能回國就任。王世杰表示無意於此，翁文灝、任鴻雋則都有問鼎的意思。此外，尚有一位引起爭議最多的人物，便是顧孟餘。

顧孟餘係汪兆銘（精衛）的智囊之一，自抗戰開始即避居香港，他反對汪於1938年12月29日在河內發表通日求和之「艷電」，也未隨汪去南京，成為國民政府所爭取的對象。1939年12月8日，顧在蔣中正委員長的安排下自香港到了重慶，顯然欲藉以影響外間對汪的觀感。及蔡院長病逝，王世杰曾向各方推薦顧孟餘為院長繼任人選。註21

直到1940年3月20日，也就是評議會開會的前一天，方有「介公下條子」的說法，引起了一些評議員的反彈，王世杰在其日記中記云：

「關於中央研究院長人選事，陳布雷受蔣先生之託，向翁詠霓等接洽，希望評議會選出顧孟餘。傅孟真大怒，向友人指責，歸過於于。」註22

據翁文灝的說法是：

「中樞當局曾非正式盼望選舉某君〔指顧孟餘〕為院長，惟各評議員以此項選舉應以評議員之自身意見為之，不宜有其他

意見之影響，當局亦表示可予尊重。」[註23]

陳源聽到的意見則是「一般對于政治沒有興味的科學家卻不願以研究院為酬勛（沒有跟汪去也）的獎品。」[註24]傅斯年則於8月14日以長函向胡適談論選舉的過程，茲摘錄數段，以見此事之曲折：

> 「雪艇〔王世杰〕以顧孟餘之說提出，約我們去商量。我說，
> 我個人覺得孟餘不錯，但除非北大出身或任教者，教界多不
> 識他，恐怕舉不出來。……
> 忽在開會之前兩天，介公〔蔣中正〕下條子，舉顧孟餘出來。
> 此一轉自有不良影響。」[註25]

1940年3月22及23日，評議會正式開會，選出三位院長候補人：翁文灝、朱家驊各24票，胡適20票。由於顧孟餘不在候補人名單之內，因而為胡適帶來很大的困擾，並影響到其駐美大使之職位。

評議員們明知胡適不能回國接任院長，也不願意影響到他的駐美大使職務，為什麼還要投他票呢？在傅斯年給胡適的信中有詳細的描述：

> 「舉先生者之心裡，蓋大多數以為只是投一廢票，作一個
> demonstration，從未料到政府要圈您也。我輩友人，以為蔡
> 先生之繼承者，當然是我公，又以為從學院之身份上說，舉
> 先生最適宜，無非表示表示學界之正氣、理想、不屈等義，

從未想到政府會捨翁、朱而選您。我初到渝時，曾經與雪
艇、書詒〔段錫朋〕談過舉你一票事，他們都說：『要把孟餘
選出，適之也必須選出，給他們看看。』……
總之，我們願先生留在美任，乃為國家著想，而其選舉乃純
是為的『學院主義』、『民主主義』，鬧到此地步，真是哭
不得笑不得耳。」註26

這些學者，堅持他們的理想、制度和學院的自由，不惜「忤旨」以拒
選顧孟餘為院長候補人之一，看似天真或意氣用事，實則係以非常嚴
肅之態度，為使學術不受政治干擾樹立了一個良好的例子，同時也為
中研院帶來了很大的困擾：因為由於最高當局對選舉的結果不滿，乃
擱置該案遲遲不加圈選。當時的總幹事任鴻雋，實際上並非代理院
長，等於無人主持院務，各研究所散處各地，又為躲避戰火在不斷播
遷，經費至感困難。又因預算關係，不能長期沒有院長，嗣經熱心
院務人士向政府建議，並向國防最高委員會請願，才於1940年9月18
日，特派朱家驊為代理院長。註27虛懸長達半年之久的院長問題，方告
塵埃落定。而朱先生自9月20日就職，至1957年10月辭職，主持院務
達十八年之久，則始終為代理院長，並未真除。最高當局對此事之耿
耿於懷，不難想見；也使得朱先生在代理期間，做得格外辛苦。他曾
婉轉的說明出任代院長經過云：

「本院評議會選舉繼任院長候補人。開會前夕，我預感有被
選趨勢，曾敦勸大家不要選我，及選舉結果，胡適、翁文灝

兩位先生與我三人膺選，當場我宣佈不願接受，但不生效，乃請總辦事處將選舉結果，暫緩呈報。延至九月中旬，因預算關係，各所長甚為焦急，催總辦事處即為呈報圈定院長人選，並向國防最高委員會請願。當局考慮結果，因胡先生當時正任駐美大使，使命重大，不能脫身，翁與院中同人意見不洽，遂發表我為代理院長。我獲知後，即一再懇辭，未蒙允准，遂於九月二十日正式接事。」註28

2. 抗戰期間的院務發展

朱先生接任代院長後，總幹事任鴻雋辭職，即改聘傅斯年繼任。他於1940年9月23日致傅斯年電云：

「務請吾兄惠允偏勞，勉為其難，否則弟亦只有及早引退，免誤院務；因弟此次勉允維持，實由兄一再責以大義，今亦欲以大義責兄，風雨同舟，知必有以教我也。」註29

傅斯年於10月11日函復：

「必欲勉弟以所難能，此事困難萬分及弟之最不適宜處，本當在吾兄洞察中；然環境如此，兄之固執又如此，只好一時勉從尊命。」註30

人事確定後，即將院中預算送出，並簽請將預算基數破例增加，幸邀特准，院務得以勉強維持。並著手整理法規，先將組織法修正，

送請立法院審議。

　　此外，即增設研究所。1941年3月20日在重慶舉行第二屆評議會第一次會議，通過增設數學研究所，先設籌備處於昆明，聘姜立夫為籌備處主任，遲至1947年7月始在上海正式成所。1944年3月9日，第二屆評議會第二次會議，又通過增設醫學、植物、體質人類學研究所。關於醫學研究所，朱先生早就有意設置，據1937年3月7日蔡院長日記云：

　　　「驊先來，詢知本院請增款公文中稱擬增地理及生理兩
　　　所。」[註31]

因故未能實現。至是重申前議，仍請林可勝籌設生理研究所，而採納林可勝的建議，改稱醫學研究所，聘馮德培為代理籌備處主任，於1944年12月在重慶成立。中研院原有動植物研究所，至是分開設立，動物所仍舊存在，另聘羅宗洛於1944年5月成立植物研究所籌備處。體質人類學原係歷史語言研究所第四組之部分，至是也另單獨成所，聘吳定良為籌備處主任。抗戰勝利復員後，吳定良赴浙江大學任教，乃告停頓。可見在艱苦的抗戰期間，中研院雖不斷的遷徙流離，仍能有所發展。

3. 抗戰勝利復員與繼續開拓

　　(1)各研究所復員京滬：又是一項艱鉅的任務。1945年8月，抗戰勝利。時朱院長另擔任教育部長，自9月起，即自教育部撥一筆巨款給中研院，籌備復員工作。[註32]因限於交通工具，直至1946年初，後

方各研究所始陸續搬回京滬：天文、氣象、地質、歷史語言、社會科學五所遷回戰前南京原址；體質人類學研究所已停止籌備；數學、物理、化學、動物、植物、心理、醫學七所遷至日本庚款所辦的前上海自然科學研究所內，更名為「在君館」，以紀念丁文江總幹事；工程所改名為工學研究所，其鋼鐵部分暫留昆明，餘則遷至戰前中研院原設在上海之理工實驗館內，更名為「杏佛館」，以紀念楊銓總幹事。至於綜理全院性業務單位如評議會秘書處、總辦事處等，均遷回南京舊址，並在上海設駐滬辦事處，以資聯繫。註33朱院長於1946年4月中自重慶回至南京。

(2)在南京購地建院：勝利復員後，朱院長即積極準備實現戰前各研究所集中南京之計畫。先在南京北極閣後面建造許多宿舍。他於1946年4月還都後，覺得北極閣院址太小，不夠將來發展，經在九華山購地240餘畝，籌建數理化研究中心，擬將在滬之數學、物理、化學三所集中九華山，其餘各所亦移南京，只留工學與醫學兩所仍設上海，前者用杏佛館，後者用在君館。購地手續直到1947年春天才辦理完成。註34物理所房舍於1947年冬首先落成，1948年春遷入，同時將該所之地磁研究部分移歸氣象所接辦。至於其他各研究所，尚未及遷京而大陸淪陷，集中首都之大計畫遂無由實現。註35

(3)增設近代物理研究所：1945年8月6日，美國在日本廣島投下第一顆原子彈，舉世為之震驚。中研院受此刺激，數日後，朱院長即邀集翁文灝、吳有訓、吳大猷、俞大維等，商議籌設原子物理研究所，並積極進行。由薩本棟總幹事向美國洽購儀器、物色原子能研究人員，加州大學原子能研究所所長羅侖斯博士也願意協助規劃，並派

中央大學物理系教授趙忠堯赴美參觀在太平洋舉行之原子彈實驗。嗣因軍政部也有意籌設原子能研究所，經薩總幹事建議，將中研院籌備中之原子物理研究所，改稱近代物理研究所，從事理論的研究。惜因大局逆轉，倉促遷台，此項計畫遂致停頓。註36

(4)接辦其他研究單位：日本以退還庚款在華所舉辦之教育文化事業，除上述之上海自然科學研究所，已由教育部撥交中研院接收外，另有北平人文科學研究所以及與該所有關之東方文化事業總會、近代科學圖書館，亦交由歷史語言研究所接收，在北平成立北平圖書史料管理處。旋因華北局勢不穩，選擇其中珍貴之圖書，陸續運至南京，1949年再運來台灣。註37

(5)成立院士會議，完成體制：中研院的組織，依照1928年11月9日國民政府公布之「國立中央研究院組織法」，於院長之下分行政、研究、評議三大部。行政方面，以總辦事處主持之，設總幹事一人，商承院長執行全院行政事宜。研究部門，以各研究所及博物館、圖書館主持之。又設評議會，為全國最高學術評議機關。此外，第七條則有設「名譽會員」的規定。在歐西各國，學院的構成分子通稱為會員（Member），由學術界負有重望的人士擔任。中研院最初即參照英文之Member譯為「會員」，後來僉以為「會員」一詞太通俗，傅斯年所長建議稱「院士」，經評議會通過後確定稱為「院士」。註38

中研院自創立後，首先陸續成立了若干研究所，直到1935年9月，經多方努力才設立了評議會；由於國內時局擾攘，設備和人力都感不足，學術研究工作基礎薄弱，成熟的學人不多，設置院士，則尚非其時。

及勝利復員後，朱院長認為使中研院完成國家學院體制之要求，不容再緩。於1946年10月8日在重慶舉行之第二屆評議會第三次會議，便開始籌畫選舉院士事宜，嗣經1947年10月15日在南京舉行之第四次會議，由初步審定之402人名單中，再經分組詳細審查，通過150人為院士候選人，於11月15日公告四個月，以彙集各方對候選人的意見，再於1948年3月24日至26日第五次會議中，選出81人為第一屆院士，計數理組28人，生物組25人，人文組28人。[註39]朱院長當選為數理組院士，其合於院士候選人資格之根據為：「研究德國侏羅紀石灰岩。創辦並主持兩廣地質調查所，奠定華南地質研究之始基。」[註40]同年9月23日舉行第一次院士會議。有了院士會議，中研院的體制才算正式完成，全國學術研究踏上了新的階段。

4. 播遷來台與重建

(1)播遷來台經過：1948年11月，徐蚌會戰開始，大局迅即逆轉，中研院院務會議秘密決定再度播遷，目的地暫定廣州、桂林、台灣三處，因為在此三地之中山大學、廣西大學、台灣大學的負責人都曾表示歡迎前往，而中研院也需要與各地大學及教育文化機關合作。

其時在南京九華山之數理化中心將近完工，物理所的房舍早已落成，一部份儀器亦已裝置。數學、化學兩所之房屋，只餘門窗等尚未裝妥，因決定南遷，即於12月初停工，將剩餘木材做成木箱，裝運各所重要圖書儀器。撤退的路線，是先向上海集中，再分向東南及西南各後方出發。

11月10日晚，朱院長以教育部長暨故宮、中央兩博物院理事的身份，與理事長翁文灝及理事王世杰、杭立武、傅斯年、李濟、徐鴻寶

等，在翁宅密商，決定將故宮、中央兩博物院存京文物，選提精品遷運台灣。中研院史語所、中央圖書館、以及外交部之重要檔卷，也加入隨同運台。於是由五機關聯合組一遷運機構，辦理一切運輸事宜。由朱院長洽妥運輸工具，分三批由南京運出。第一批由海軍總司令部派運輸艦中鼎輪運載，於12月22日離京，27日駛抵基隆；第二批係包租招商局之海滬輪承運，於1949年1月6日離京，1月9日抵台。第三批由海軍總司令部派運輸艦崑崙號載運，於1月29日離京，2月22日抵台。兩博物院遷運來台的文物，計：古物1,434箱，圖書1,334箱，文獻204箱，共計2,972箱，231,910件，都是審慎選擇的精品。另受北平圖書館的委託，代為附運文物18箱。^{註41}中央圖書館運來的重要善本書計600多箱。史語所第一批運出圖書、儀器、標本、檔案及其他資料計217箱，第二批運出934箱，全部文物都已運出。第三批啟運時，中研院其他各所均未參加遷運。此項文物運抵基隆後，即轉運桃園縣楊梅鎮通運公司之楊梅倉庫暫存。史語所之人員，除極少數留在北平及南京未隨同來台外，其餘人員都到了台灣。數學所的圖書也同時運來台灣，姜立夫所長曾偕同工友一人來台，惟不久即返回南京。全院只有原訂與台灣大學合作的史語所和數學所如期來台。曾成立「中央研究院駐台委員會」處理兩所之業務，並預為其他單位作遷台之布置。迨總辦事處於1949年12月抵台後，該委員會即結束。史語所之文物，存放在桃園縣楊梅火車站倉庫，人員初借住於台灣大學醫學院教室內，不久即集中楊梅。數學所之圖書，則借台大校總區一間房屋存放。^{註42}

中研院這次播遷來台，損失極大，已成殘破不堪的局面。而在播遷的過程中，朱院長一面要接洽運輸工具，一面要籌畫經費，不僅維持先行抵台和集中於上海的同仁及眷屬生活，並要兼顧留京人員的生存，同時還要派員分赴台灣、廣州及廣西各地接洽續遷的事務，真是心力交瘁。他再三勸說同仁隨院疏遷，已至舌敝唇焦的地步，但為了顧全這最高學術機關的自決傳統，始終不肯採取強迫性的措施，所以效果並不太理想。

在這段時間裡，朱院長為了中研院的疏遷，同時為了在政府其他職務的關係，不停的穿梭於南京、上海、台灣、重慶、廣州等地。茲節錄他在〈三十年來的中央研究院〉演講詞中的描述，藉明其對中研院關懷之情：

「先是在三十七年〔1948〕九月間本院遷移時，曾向政府請得四百萬金元券，預備遷移之需，並將其半數先後匯往台灣。十一月並請李濟與芮逸夫兩先生來臺負責佈置一切。及至三十八年〔1949〕一月底，其他各所人員與設備，都已集中上海在君館，準備作進一步行動，當時傅所長已奉派接任臺灣大學校長，聘請總務主任余又蓀擔任臺灣大學總務長。當時政府請傅所長兼任臺灣大學校長，傅先生之毅然接受任命，原亦為便於本院的遷移。但卻於此重要關頭，薩總幹事病故。傅所長來臺，總務主任亦虛懸，實頗影響遷移工作。而最主要原因，卻因金元券貶值驚人，原來準備之遷移費已不敷用，大局艱難日甚，無法另行籌措，交通工具又極缺乏，

無法整批移動。當時在上海個人購買船票來臺尚極困難，遑論團體移動。而心理上的因素，亦為阻延遷移的原因。而先行到臺灣的同人，與上海同人通信，又備言生活的種種困難，研究工作無法進行，且有暫緩來臺者，更使後來者為之氣沮，所以集中上海的人員，遂不急作移臺的準備。而當時幣值狂跌，同人生活倍覺艱苦，我曾向政府請撥兩筆巨款，接濟同人生活。三十八年〔1949〕二月我派錢臨照來臺，察看部份同人搬到臺灣的情形，及錢返京報告，備言種種困難，及四月二十三日南京失陷的前一天，我離京到上海，二十四日上午在祁齊路在君館召開院務會議，集中討論應變及遷至臺灣問題，在會議席上，同人對遷臺的決議，並無持異議者，不料以後各所意見又稍有不同，且交通工具大成問題，仍不能作積極部署與行動。是日下午前方軍事消息吃緊，形勢甚惡劣，我得政府通知要從速離滬，未得與院中同人告別，深感遺憾。二十五日由滬飛抵臺北，即與傅所長見面，晚上傅所長約集史語所同人在傅家見面聚敘，翌日上午偕傅所長至楊梅，發現運抵臺灣之圖書設備等，皆整箱堆存楊梅車站倉庫，同人則散居附近簡陋民宅，生活艱苦情形，令人不忍卒睹。下午返臺北，又至臺灣大學醫學院看董作賓、李濟兩先生，他們兩位也都分住在教室裡，我心中極為難過，益感未能盡我職責。自從三十七年〔1948〕秋天準備搬遷，我自己始終未得來臺察看，錢臨照的報告，雖亦說及遷臺困難情況，我尚未想像到如此困難田地。而此時大局已逆轉，臺

灣情形亦頗困難，對於搬移來臺機關，無法安排，一時令人束手無策。三十日我因政府電催，復由臺北飛廣州。本院總辦事處已先於二月間搬至廣州，及我到達廣州時，上海仍未陷匪，遂一再函電上海軍政當局籌撥交通工具，協助留滬同人遷移。一面又函電勸說留滬同人從速動身，皆未得結果。以後有本院同人接留滬同人來信，說及他們接獲我自廣州去信，在院務談話會中有感泣淚下者，當時上海情勢已極混亂，他們亦不可能動身。上海在五月淪陷，留滬本院大部份同人，從此淪陷鐵幕，消息隔絕。迄仍使我常感疚愧。……

八月間在臺院中同人有建議將本院同人遣散者，我雖知形勢十分艱難，但相信苦撐，不忍本院從此中斷，故未採納此議。而本院三十七年〔1948〕冬向政府請得之搬遷費，早已匯來臺灣二百萬金元券，到臺同人未曾善加運用，從速建築房舍，以致時日遷延幣值狂跌，此時此款所值無幾，至為可惜。

十月初旬廣州又告急，政府再度西遷重慶，總辦事處隨同政府遷往。十一月下旬，重慶又不穩定，總辦事處遂又東遷臺北。我因職務關係，隨同政府於十月十三日飛往重慶，旋又由重慶飛成都，十二月八日由成都飛抵臺北。翌日，即偕同傅所長去楊梅察看史語所，慰問在臺同人。此時史語所與數學所重要研究員，大都在臺大兼課，借住臺大宿舍，生活稍為安定。但大部份研究人員，仍偏處楊梅民宅，生活艱苦如前，我深愧無法改善。」註43

　　(2)在南港購地重建院區：中研院在南京時期的十三個研究所，倉卒遷到台灣來的只有一個半研究所：史語所全部及數學所之圖書。可以說已到了支離破碎的地步。1949年8月，傅斯年與朱院長討論院事的長函，甚至論及辦理結束、做最後遣散的問題，也有併到台灣大學去的說法。但是朱院長仍堅持「以對於本院過去之責任，現況之維持，將來之重建，引為己任。」[註44]決不氣餒。他談及如何籌款、購地及在南港重建院區的曲折和艱辛云：

　　「本院遷來臺灣，同人生活艱難，固不待言，最感困難者，為房舍無著落，工作無法進行，在楊梅車站倉庫堆集二千多箱設備圖書與古物，因地方狹隘，開箱者不及十分之一，且此倉庫在戰時經過轟炸，雖略加修葺，仍極不安全。……四十年〔1951〕春，政府通令各機關疏散，本院在本柵山坳租到一塊地皮，商請當時行政院陳院長撥給經費，歷經數度磋商，始承允撥款。本院乃編列一百八十萬元預算，計劃先建造倉庫與同人住宅，……仍多方奔走，繼續催促，到了四十二年〔1953〕秋天，才承行政院撥到第一批建築費八十萬元臺幣，美國洛氏基金會亦補助一萬元美金，中華文教〔中華教育文化〕基金會補助五千元美金，折合當時官價約二十萬元臺幣，著手籌備建築。基泰工程師以木柵地點潮濕，頗不適宜，又在新店另覓地皮，正擬成交時，我在無意中發現南港環境甚佳，購定了三甲多地皮，約五十畝，即建造倉庫一座，會議室一間與同人宿舍十餘幢，當時臺幣繼續貶值，

物價亦繼漲，已請到之八十萬元臺幣，與原請之一百八十萬元，實際相差甚遠，遂又備文向政府繼續請款。……

四十三年春，又承行政院撥到第二批建築費七十萬元臺幣，建造史語所辦公大樓。

不久〔1954年5月20日〕政院改組，俞鴻鈞接任閣揆，本院繼續商量催請另撥建築費，幾經波折，方承允可，本院遂又編列一百六十萬元預算，正式向行政院請求，延至四十四年〔1955〕秋天，始復承撥給八十萬元臺幣。當時我因病住中心診所，……在病中輾轉託人向當局交涉，是年年底，又承撥到七十九萬元臺幣，於是添購地皮四甲多。迭經交涉，四十五〔1956〕年度預算復列建築費一百二十萬元，建造近代史研究所。

四十六年〔1957〕，因本院預算列有一百二十萬元建築費，遂建築考古館，將史語所尚未打開之六百多箱古物打開陳列，並為研究參考之用。……

我因顧及本院將來之發展，目前在南港地皮，仍不敷用，自四十五年〔1956〕秋天起，即督促總辦事處人員，在南港附近，繼續收購土地，以備將來擴充之用，……截至四十六年〔1957〕秋天止，除歷史語言研究所、數學研究所外，尚有近代史研究所、民族學研究所、化學研究所五個籌備處。經濟研究所則在計畫中，尚未著手進行。

全院經費迭經向政府請求，亦增至每年四百八十萬，全院名額增至一百多名。而評議會與院士會議亦得合法召集舉行，

在體制上遂告完備，院務推進有所依據。而在南港院址並已次第擴充。歷年陸續收購之土地，已有三百六十多畝，就目前各所興建房舍，暫時可以夠用。」註45

至是，幾乎瓦解的中研院，在朱院長的慘澹經營下，終於擇定於南港舊莊建院。在收購李、廖等姓幾十戶農田時，即指示負責辦理交涉的總務主任王志維：「農民出讓祖業是一件極痛苦的事，我們要在同情農民痛苦的心情之下來達成收購的目的。」註46地方人士感念朱院長的仁慈，半送半賣，陸續完成收購整片院址的土地，豎起了「研究院路」及「中央研究院」的招牌。而朱院長也承諾，對於提供土地之李、廖等姓子弟，儘量妥予照顧，優先安置在院中擔負適任的工作。

(3)恢復及創設新的研究所：朱院長在房舍獲得初步解決後，一面將在楊梅之史語所及在台大之數學所，遷至南港，展開工作；一面積極籌備，在可能範圍內擇尤恢復原有的研究所，並因應時代需要創設新的研究所。第一個考慮的是恢復原有的植物所。早在1947年時，台灣糖業公司要求中研院植物所派員協助工作，該所即派研究員李先聞來台，合作研究甘蔗改良，培育新種，推廣成功。不僅挽回了台灣糖業的危機，也穩定了台灣的經濟，成績卓著。故在1954年7月10日院務談話會中，決定首先恢復植物所，設籌備處，即聘李先聞為籌備主任。

1955年4月間，朱院長鑒於世界科學家對原子、核子物理之研究，突飛猛進，乃向政府重申前議，計畫恢復設立物理研究所。終因

籌辦原子物理研究所，需費浩大，政府無法籌措經費而暫緩。直到1962年底王世杰院長時才在台復所。

　　1954年12月30日，朱院長召集在台院士舉行第二次談話會，決議將史語所的考古學及民族學兩組之研究工作劃出，獨立成所。後因史語所部分同仁不贊成考古學組單獨成所，其事遂寢。直到1994、1995年間，又醞釀考古學獨立成所，仍未成功。而民族學組則另成民族學研究所，從事台灣地區土著民族及中國民族文化史之研究，於1955年8月1日成立籌備處，聘凌純聲為主任。

　　1956年9月，朱院長再洽請中英文教基金會補助，該董事會於10月間決議，同意將在美餘款約20萬美元悉數補助中研院，同時指定此款作為恢復化學、動物兩研究所，並充實植物研究所及籌備經濟研究所之用。動物所於1957年2月順利成立籌備處，聘梁序穆為主任。經濟所則因名額未奉政府核定，未著手進行，直到1962年10月4日才成立籌備處，朱先生業已辭去院長職務。只有化學與近代史兩研究所之籌備，頗費周折。

　　朱先生在1936年接任總幹事後，即已見出中國近代史研究工作的重要性；及擔任代院長後，在重慶時曾與傅斯年所長商談多次，擬在史語所增加近代史一組，因人才難求、近代史料蒐集不易，未能實現。至播遷來台後，以近代中國演變劇烈，對當前政治及外交關係，影響深切；專門研究，實有必要。至1954年時，醞釀已至成熟階段，即提至12月30日所舉行的在台院士第二次談話會討論，通過設置近代史研究所籌備處。當時朱院長係力疾親往主持會議，會後因腸出血2,000c.c.以上，病況轉劇，當晚急送中心診所輸血，住了半個月才

出院。1955年1月30日，聘郭廷以為籌備主任，於2月1日正式成立，展開籌備工作。不料在籌備處成立後，引起一些不滿的反應，最嚴厲的批評，則是來自3月19日於紐約舉行的在美院士談話會。朱院長以非常誠懇的態度寫了一封長信，向在美院士詳加說明，各方之議論方寢。同年10月，近史所籌備處自台北雲和街遷來南港，同時商得外交部同意，將該部所藏清末及北洋時期之外交檔案189箱，移送近史所整理保存，以供學術研究參考之用，至此已粗具規模。註47 1958年1月，朱先生交卸了院長職務後，曾有意將他個人的檔案，送給近史所保管整理。朱先生一生曾擔任過許多方面的重要職務，他一向重視史料之保存，所以在任內都設有內檔保存機要文件。1949年遷台時，這批內檔資料隨同帶來，暫由聯合國同志會保存。1963年1月3日，朱先生逝世。在安葬之前，近史所就和朱夫人及聯合國同志會方秘書長志懋商妥，將此項檔案文書22箱，點交近史所闢室庋藏。其中多為第一手極珍貴的史料，備受各界學人重視。註48近史所的籌劃和設立，是朱先生一手促成的，至是又遺愛在近史所，他對近史所真是太厚了。

1957年3月，化學研究所在南港復所，聘魏喦壽為籌備主任。

化學研究所之恢復，係由中英文教基金會撥款補助。朱院長為爭取該筆經費，並使該款使用合法起見，真是煞費苦心，曾請政府有關部門及院士組成中英文教基金會補助運用委員會，監督運用。嗣因購地建院實際需要，曾暫時調度變更原定專為設立化學所之用途，俟政府經費撥到時即行歸墊。可是仍然引起有關方面的不快和不實的批評，並導致成為朱院長辭職的原因之一，不無遺憾。註49

(4)恢復院士會議及評議會：院士會議依法應每年召集一次。第一次院士會議於1948年9月23日在南京舉行，並選出第三屆聘任評議員32人，此為由院士選舉評議員之第一次。當時因受國內戰事影響，在可預見的情況下，下次院士會議及第三屆評議會，均將無法如期召集，萬不獲已，呈奉1949年8月19日總統指令，皆准展延至交通復常時，再行召集，補辦歷年院士選舉。其第三屆評議會任期，自集會之日起算。

　　中研院院士共81人，遷台之初，在台灣的院士僅有9人：王寵惠、朱家驊、王世杰、吳敬恆、傅斯年、凌鴻勛、李濟、董作賓、李先聞；在國外的有12人：胡適、林可勝、蕭公權、陳省身、陳克恢、趙元任、吳憲、李方桂、李書華、袁貽瑾、吳大猷、汪敬熙。共計21人。依法院士集會須有全體院士三分之一出席，即令在自由地區之所有院士全部到會，亦不足法定人數。至於第三屆聘任評議員32人，選出未久，中研院即播遷來台，聘任評議員及當然評議員中各研究所所長，多未來台；而評議會之集會，法定人數為須有過半數之評議員出席。所以，院士會議及評議會均因人數不足無法召開。而一切院務，又亟待研討，評議會如何補選成會，尚待院士會議之決定；而院士會議如何正式集會，則成為首須解決之問題。

　　直到1954年12月30日舉行之在台院士第二次談話會，再度討論如何合法舉行院士會議及評議會問題時，王寵惠院士提議不妨以向中研院報到的人數為全體人數；集會的法定人數，即為報到院士的三分之一。這不是法律，僅為議事規程，只要總統批准，就可以施行。至於評議會開會問題，可同樣採取以報到的人數為計算的根據，而且第三

屆聘任評議員全是院士，所以院士的報到手續即可視為已辦評議員報到的手續。這個權宜的辦法，解開了久懸不決的死結，獲得其他與會院士的一致贊同。即呈請總統府核定。總統府特為審慎，研議再三，歷時一年，方予核准。

1956年6月，中研院即為辦理院士報到手續，在台北、香港兩地登報公告，至10月底截止時，傅斯年、吳敬恒兩位院士已經逝世，報到的院士共為19人。11月24日，先在南港召開一次預備會議。1957年4月2日至4日，正式舉行第二次院士會議，亦即遷台後之第一次院士會議，討論了許多重要議案，但未選舉新院士，這也就是當選院士的屆數比院士會議次數少一個的原因。4月3日下午，另舉行第三屆評議會第一次會議，除修正有關法規外，並追認已設立之植物、近代史、民族學、動物、化學、經濟六研究所籌備處。中研院八年不能召開的這兩個最高權力機關：院士會議與評議會，歷經周折，到這時算是得到了一個適當的解決，開始重現生機，正常運作。註50

(5)辭職經過：中研院遷台後，在朱院長的苦心經營下，於南港購地重建，由最初之一個半研究所，陸續恢復了植物、動物、化學三個研究所籌備處，增設了民族學、近代史兩個研究所籌備處；原來處理比較重要的院務，只能用談話會方式進行，這時也可以舉行正式的院務會議了。全院兩個最高的權力機構：院士會議及評議會，也已可以合法的召開。這些重大措施，終於使中研院起死回生。正在徐圖繼續發展之際，朱院長忽於1957年8月間表示倦勤。各界不明真相，致有種種不同的傳說與揣測。據曾任代總幹事的楊樹人先生，在1958年4月15日所發表〈中央研究院最近的十年〉一文中說，朱院長之倦勤，

一是健康關係，自1954年施行胃部手術後，健康大不如前，在1957年3月間，即與他商量辭職的事，並且一直在不斷的考慮中；另一個原因，就是為中英文教基金董事會，將最後一筆餘款撥助中研院的運用問題，引起有關方面的不快，而萌生去意。經楊先生揮汗查卷，草擬說帖，向有關方面說明，終於「刷清了所有的誤會，擯除了一切中傷的誣衊。」[註51]1963年1月3日，朱先生病逝。楊樹人在同年10月26日撰寫的〈懷念朱騮先先生〉文中，又憶述朱院長辭職經過云：

> 「朱先生在〔1957年〕八月十七和十八兩天連續主持評議會第三屆第二次會議以後，二十那天早晨再去谷關繼續休養，我和少數同仁在臺北車站送行。他一到便拿出親自草擬的辭呈，囑我代為繕發，他說是辭句可以潤色，而要義則不必改動。我本來和他商量好，待事體清楚再上辭呈，我不明白何以提前。他說：『讀書人，應如是耳！』是的，讀書人何能沒有讀書人的氣節？我於是默不作聲，不能進一言，後來我們只就原稿修改了一個字。」[註52]

既已「刷清了所有的誤會」，為何仍辭？楊先生在〈中央研究院最近的十年〉一文中說，若干事端當時還不能全無隱諱的寫出，在〈懷念朱騮先先生〉文中又說，仍然是沒有到達和盤托出的時期。所以欲言又止。到了1987年4月，楊先生又在〈胡適之書信一束（上）〉一文中，再透露了一些線索：

「那年〔1957〕夏天朱院長家驊（騮先）先生的政治敵人供給
了一些未盡確實的報告，引起最高當局的誤會。事與研究院
本不相干，不過表面上仍然牽涉到院中的措施。情況雖然複
雜，但是我認為這是不公道，……據總統府黃伯度局長面
告，有人認為中央研究院直屬總統府，總統有權特派大員
『整理』研究院，而且這個『大員』已經是呼之欲出了。我
立刻向黃局長表達，……照規定院長出缺，應由評議會選出
三個候補人，報請總統圈定。」[註53]

最高當局對朱院長之不滿，似乎還可以向前追溯：1949年1月21日，
蔣中正總統宣告引退，以彌戰消兵。6月3日，李宗仁代總統任命閻錫
山組「戰鬥內閣」，以朱先生為副院長，朱先生遂因此「失寵」；及
至同年12月底，朱先生呈辭行政院副院長職務，胡頌平在其所著《朱
家驊年譜》中委婉的點出：「已經得到蔣總裁的諒解。」[註54]
　　朱院長辭職的另一個原因，可能是政府正在多方爭取海外學人來
台服務，為安排旅居美國的胡適先生，最適合的職務自然是中研院院
長。大約在1957年秋，即有院長室的主人已成胡適先生的風聞。王世
杰在其1962年5月31日的日記中，記其繼胡先生任院長的經過時，即
明白指出：

「騮先身體健康不佳，且前此去職，係蔣〔中正〕先生所要
求。」[註55]

而胡先生在其1957年10月22日的日記中，則更清楚的説是「被逼迫去職」：

> 「為中央研究院院長朱家驊辭職的事，十一月三日召開評議
> 會，選舉三個候選〔補〕人，由總統選任一人。此次驊先辭
> 職，實等于被逼迫去職。海外有六個評議員，都很憤慨。
> 今晚勉強寫信委託王世杰先生代表我投票：①朱家驊，②李
> 濟，③李書華。又寫長信慰問驊先。」註56

據一位不願透露身份的前輩函告：戴傳賢（季陶）與蔣中正原是生死
之交，而戴與朱先生在廣州中山大學時，建立了道義之交；蔣以戴、
朱與廣東派對抗。在北伐前後，蔣須對各方面兼容並蓄，其所以重用
朱先生，主要的是朱與德國的關係，以達到爭得德國的軍事顧問。及
世界大戰結束，德、日垮台，朱之重要性自隨之降低。至1949年戴自
盡於廣州中山大學的東山，即朱失寵之先兆。

至於導致朱先生「倦勤」的直接原因，可能與蔣中正總統到中研
院巡視事有關。據胡頌平《朱家驊先生年譜》云：

> 「（1957年4月）三日晚上，蔣總統歡宴全體院士，席上談起
> 在美的學人有雙重國籍的可以當選院士。又談起南港這地點
> 三面環山，非常幽雅，適宜作研究工作，不過進去這條路沒
> 有鋪好柏油，不無遺憾這些話。隔了幾天，總統下了條諭，
> 限兩星期修好。院中聽說條諭給了警務處。後來派人到總統

　　府抄錄條諭，辦了公事給台灣省政府，已是四月底了。……
　　八月四日下午五點多，蔣總統夫婦到南港中央研究院巡
　　視。從南港到舊莊的路面要鋪柏油的指示，省政府尚未動
　　工。」 註57

路上的顛簸，使蔣總統很不舒服；及到中研院，已經是下了班的時
候，見到有人因天氣太熱而打赤膊，認為不雅，門口又無警衛，如果
史語所的古物被搶走怎麼辦？乃大發脾氣。回去後即下令整頓中研
院，旋又令朱院長辭職。
　　由於上述幾種原因，朱院長於是不得不「倦勤」，其辭呈遞出
後，大約在一個禮拜或十日以後，即奉批照准，但未立即發表。依法
要由評議會秘書召集會議，選舉院長候補人三人。1957年11月3日，
第三屆評議會在南港舉行第三次會議。選舉前夕，評議員在台北自由
之家非正式聚會，總統府秘書長張群約評議會秘書楊樹人到總統府面
談，透露希望選出胡適為候補人之一。楊樹人到達自由之家後，婉轉
說明與張秘書長談話內容，評議員梅貽琦即以徐緩而深沉的音調說：

　　「胡先生如能當選，自會選出，我們並不奉他人的意見而選
　　舉。」 註58

簡單數語，已將讀書人的風骨表露無遺。而胡適所說海外評議員的憤
慨，竟以行動表示抗議，即如他自己的委託票一樣，再選朱先生為候
補人。據主辦這次選舉的楊樹人說：

「選舉之前尚有一小小插曲，傳聞若干海外評議員鑒於朱先生維持研究院十八年，甚為辛苦，為表示敬意，要再選他為候補人之一。消息傳來，朱先生深恐再引起誤會，諸多不便，囑我設法代為解危。我報告說，評議會選舉，向來獨立，無人敢事前游說，我不能擔保任何後果。我揣測，朱先生的票數不會太多，只要不達十票，便可平安無事。我便中略向兩三個評議員問話，說朱先生辭職照准後，生活安閒愉快，如釋重負。言外之意，他不願再有糾紛了。在第一次投票時，他得到八票〔楊先生另文說是九票〕，幸而其後票數減少，免除一場不必要的困擾，朱先生頗為滿意。」註59

選舉結果，胡適以18票，李濟及李書華各以10票，當選為院長候補人。第二天，總統特任胡先生為院長和准許朱先生辭職的命令同時發表。胡先生以病體未復，一再謙辭，後經各方面懇勸，方允休養復原後回國就任，期間由李濟暫代院務。移交手續，直到1958年1月11日才補辦完竣。朱先生得以卸下十八年來中研院的擔子。

在評議會選舉院長候補人之前，好幾位評議員認為朱院長十八年來不辭勞瘁，培育保護這個機構，應該表示敬佩和感謝之意，當經一致決議書面慰問，會後由全體評議員親到其寓所面致。在該慰問書中，很清楚的看出他對中研院的許多重大貢獻。茲照錄原信如下：

「朱院長騮先先生賜鑒：此次第三屆第三次評議會開會之時，適值先生體弱多病，在辭職中。緬懷本院為全國最高

學府,創立至今,已三十年。先生於早年歷任評議員,總幹事,贊襄鴻業。嗣繼蔡先生之後,主持院務,十有八年。抗戰期間,添設植物,醫學,數學各所,擴展院務,漸臻完備。及共匪叛亂,大陸淪陷,努力搬遷歷史語言數學兩所。在艱苦中,為國家保全圖書文物之精華,維持學術尊嚴及研究水準,且為國家,繼續培植人才。近年建築南港院址,並在臺籌設近代史、民族、植物、動物、化學各研究所,為國家逐漸奠定在臺之學術基礎。凡此貢獻,殊深感念。茲一致公決,專函慰問,並表示同人敬佩之誠。謹肅奉達,敬祝健康。 評議會全體同人(簽名)敬啟四十六年〔1957〕十一月三日。」註60

1962年2月24日,胡院長以心臟病猝發去世。第四屆評議會於3月31日舉行臨時會議,票選吳大猷(17票)、朱家驊(16票)、王世杰(15票)三人為第四任院長候補人。吳大猷時在加拿大,沒有擔任院長的意願;朱先生的健康,已日漸衰頹,不可能再任繁劇;總統特任王世杰為院長。朱先生在1957年被逼迫辭職時,有些評議員感到不平,就要再將選他為院長候補人,為朱先生婉拒;這次再以第二高票將朱先生選出來,主要是感念他對中研院的功績和辛勞,表示對他的敬愛並沒有忘記;此外,似乎也在表現一下書生的意氣!

1963年1月3日下午,朱先生以心臟病發,在寓所溘然長逝。一個禮拜後,即1月10日,中研院院務會議,一致通過以新建宮殿式之民族學研究所辦公大樓,定名為「朱家驊館」,作為永久紀念,明確表達全院同人愛戴的熱忱。該大樓古色古香,是院中唯一的一幢中國

式建築，至1985年7月，民族所遷至另一新建的研究大樓，原大樓不久即被拆除，改建為現在的行政大樓。在要拆除這幢大樓前，我適奉調兼總辦事處秘書主任，曾於1987年1月27日上午，會同土地規劃小組召集人鄔宏潘、總務主任趙保軒、人事主任周國卿、人（二）副主任閻琴南，同去晉見韓忠謨代總幹事，建議將擬興建的行政大樓地點改在現在的地球所位置，以保留「朱家驊館」；韓不同意。我即說：機關首長的辦公室不宜靠院大門太近。他斥責我是封建思想作祟！我又說：如一定要建在此地，可將院門改至100巷口──即現在新的院大門處。他說，改大門會影響首長的風水，不能動。在力爭無效後，「朱家驊館」即失去了蹤影，走入歷史。現在中研院決定將新大門進來的馬路，命名為「家驊路」，沿此路到學術活動中心的橋，命名為「家驊橋」。也是一種有意義的感念方式。

朱先生去世，到今天恰好是37年又6個月，隨著時間的流逝，當年他胼手胝足、心力交瘁，在南港重建中研院的經過，對院中年輕一輩的同仁來說，恐怕已是天寶遺事了。茲再附帶報告一個關於60元的小故事，想必也早已為同仁們淡忘了。

筆者是1964年7月到中研院工作的，那時每人薪水袋中都有60元的交通費，直到1987年6月，才改發車票補助費，未住院區附近者，所領不止60元，住院區附近者，則不再補助。這60元的來歷，經向院中前輩們打聽，才知道其中蘊藏了一則感人至深的小故事。

中研院初遷南港時，此地交通十分不便，對外聯絡唯一最便宜的交通工具，是運煤的小台車，附近連賣菜的也沒有，太太們買菜一定要到南港街上去，台車的車資是1元，來回就是2元，當時各家都沒有

冰箱，必須每天跑一趟南港，一個月就需60元的坐台車費，是一項相當大的開支。朱院長為減輕同仁的負擔，特排除萬難，設法每人補助60元交通費。對當時的同仁來說，這60元真是一筆很大的收入。朱院長對同仁無微不至的照顧，由此可見一斑。

五、結論

自1927年蔡元培先生創辦中研院起，朱先生即參與籌備工作；1936年出任總幹事後，更是積極贊襄院務；及1940年，繼蔡院長主持院務，至1957年10月卸任，歷時30年。在這30年中，朱先生在政府擔任過許多極其繁重的職務，而且常數職兼顧，妥為處理。在這段期間，正值國家多事之秋，先是抗日戰起，中研院自京滬西遷，並隨戰事之變化不斷播遷，各研究所散處大西南各地，總辦事處則必須設在中央政府的所在地；勝利後，再陸續復員京滬。喘息甫定，又播遷來台。在遷移的過程中，既要顧及人員的安全和食宿居住，又要維護圖書儀器等的完整無損，在經費不足、交通工具極度困難的情形下，其艱辛可知。在顛沛流離中，朱院長仍極力設法繼續成長發展，不僅完成了中研院的體制，並增設數學、醫學、體質人類學三個研究所籌備處，並將動植物研究所各自獨立成所，而研究工作也未中輟。至於所籌設之近代物理（即原子能）研究所，雖未完成，亦可看出他掌握了時代的需要及學術發展的方向。及至遷台後，僅餘數學和歷史語言兩個研究所，幾有解體之危，朱院長不僅堅持要維持下去，並設法繼續發展，於是又擔負起籌措經費、找尋院址、購地建屋等起死回生的

重任，除陸續重建植物、化學、動物三研究所外，並增設民族學、近代史兩研究所。而停頓八年之久的院士會議及評議會，也恢復集會，使中研院從半停頓狀態中導入正軌，為在台之復興奠定了基礎。正由於他對中研院、對國家的諸多貢獻，所以對其被迫去職，乃至寂寥以終，令人感到不平！至於去職的原因，當時忌諱尚多，知道真相者，不敢說，更不敢寫；惟「今我不述，後生何聞！」本文只是根據一些文字資料隱隱約約所透露出的訊息，理出一些可能的線索。至祈知道實情的前輩們說出來，最好是寫出來，為歷史留一正確的紀錄，使朱先生得到應有的評價。

俗語說：前人種樹，後人乘涼。中研院的歷任院長，都各有其不同的貢獻，這也就是在各院長的生日時，為他們舉行紀念會的原因。今天在此回顧朱院長對中研院的許多不可磨滅的貢獻，飲水思源，怎能不令人長相懷念及由衷的崇敬！

2000年5月18日於近史所　2007年4月18日修訂

（中研院於2000年6月3日演講會時，曾將本文印單行本分送與會者。

台北，《中外雜誌》轉載：第68卷，第2期，PP.21～26；第3期，PP.48～52；第4期，PP.53～58；第5期，PP.62～66。2000年8月-11月出版。）

【注釋】

註1：打字油印稿。

註2：羅家倫著：《逝者如斯集》（台北，傳記文學出版社，1967年9月），頁187-189。朱先生初到北京大學任教時，羅先生選他的德文課；1923年，羅由美赴德，就學柏林大學歷史研究所，朱也已重赴柏林，在工科大學攻讀地質學博士學位，常相過從。

註3：陶英惠，〈蔡元培與中央研究院，1927-1940〉，《中央研究院近代史研究所集刊》，第7期（台北，1978年6月），頁5；《大學院公報》，第1年，第1期（南京，1928年1月），頁155-156。

註4：朱家驊，〈三十年來的中央研究院〉，王聿均、孫斌合編，《朱家驊先生言論集》（台北，中央研究院近代史研究所，1977年5月），頁106。

註5：《朱家驊先生言論集》，頁105。討論外文名稱的時間，朱家驊說：「記不起是那一天」，茲據《大學院公報》第1年，第3期（1928年3月出版），頁79-80記載，大學委員會於1927年12月24日舉行第三次會議中，第四項議案為「請將大學院及中央研究院譯名正式公布案」，議決：通過。

註6：《朱家驊先生言論集》，頁749。

註7：《竺可楨日記》，第1冊（人民出版社，1984年），頁8。

註8：《朱家驊先生言論集》，頁749。

註9：高平叔主編，《蔡元培文集》，卷14，《日記》（下冊），台北，錦繡出版公司，1995年5月出版。

註10：《朱家驊先生言論集》，頁108。

註11：《朱家驊先生言論集》，頁743。

註12：高平叔主編，《蔡元培文集》，卷14，《日記》（下冊），頁303、329、343、384、386-409。

註13：《竺可楨日記》，第1冊，頁263。

註14：陶英惠，〈蔡元培與中央研究院，1927-1940〉，頁24-28。

註15：《朱家驊先生言論集》，頁108。

註16：朱家驊，〈國立中央研究院簡說〉，台北，中國國民黨黨史會編印，《革命文獻》，第5輯（1972年6月），頁224。

註17：《朱家驊先生言論集》，頁108。

註18：《朱家驊先生言論集》，頁108-109。

註19：高平叔主編，《蔡元培文集》，卷14，《日記》（下冊），頁341。

註20：孫斌，〈朱家驊先生與中央研究院〉，《中央研究院成立五十周年紀念論文集》，第2輯，附錄（台北，中央研究院，1978年6月），頁26。

註21：陶英惠，〈胡適與蔡元培—幾件共同經歷真相的探討〉，中央研究院近代史研究所編印，《郭廷以先生九秩誕辰紀念論文集》，上冊（1995年2月），頁29-30。

註22：中央研究院近代史研究所編印，《王世杰日記》手稿本（1990年3月），第2冊，頁244。

註23：1940年5月21日〈翁文灝致胡適〉，中國社會科學院近代史研究所中華民國史組編，《胡適來往書信選》（北京，中華書局，1979年），中冊，頁467。

註24：1940年4月21日〈陳源致胡適〉，《胡適來往書信選》，中冊，頁464-465。

註25：1940年8月14日〈傅斯年致胡適〉，《胡適來往書信選》，中冊，頁474-475。

註26：《胡適來往書信選》，中冊，頁474-479。

註27：孫斌，〈朱家驊先生與中央研究院〉，頁26。

註28：《朱家驊先生言論集》，頁109-110。

註29：孫斌，〈朱家驊先生與中央研究院〉，頁26。

註30：孫斌，〈朱家驊先生與中央研究院〉，頁26-27。

註31：高平叔主編，《蔡元培文集》，卷14，《日記》（下冊），頁251。

註32：《朱家驊先生言論集》，頁111。

註33：中央研究院總辦事處秘書組編印，《中央研究院史初稿》（1988年6月），頁59。

註34：《朱家驊先生言論集》，頁112。

註35：《中央研究院史初稿》，頁59。

註36：《中央研究院史初稿》，頁60。

註37：《中央研究院史初稿》，頁60-61。

註38：陶英惠，〈蔡元培與中央研究院，1927-1940〉，頁6-9。

註39：《中央研究院史初稿》，頁217。

註40：1947年11月15日「國立中央研究院公告」。

註41：那志良著，《故宮博物院三十年之經過》（台北，中華叢書委員會，1947年1月印行），頁203-208。

註42：《中央研究院史初稿》，頁63-64。

註43：《朱家驊先生言論集》，頁113-115。

註44：楊樹人，〈中央研究院最近的十年〉，《大陸雜誌》，第16卷第7期（1958年4月15日），頁200；程毅志，〈朱騮先先生與中央研究院的重建〉，大陸雜誌社編，《朱家驊先生逝世紀念冊》（1963年6月），頁359；孫斌，〈朱家驊先生與中央研究院〉，頁29。

註45：《朱家驊先生言論集》，頁115-118。

註46：胡頌平著，《朱家驊年譜》（台北，傳記文學出版社，1969年10月），頁90。

註47：請詳參王聿均，〈朱家驊與近代史研究所〉，中央研究院近代史研究所編印，《近代中國歷史人物論文集》（1993年6月），頁535-561。

註48：方志懋，〈王聿均、萬紹章著《朱家驊先生之事功與思想論集》序〉，中華民國聯合國同志會，1992年5月出版。

註49：《大陸雜誌》，第16卷，第7期，頁201、203-204。

註50：請參閱王聿均，〈朱家驊與近代史研究所〉，頁546-549；楊樹人，〈中央研究院最近的十年〉，頁200、202。

註51：《大陸雜誌》，第16卷，第7期，頁201；楊樹人，〈懷念朱騮先先

生〉，《傳記文學》，第4卷，第1期（1964年1月），頁24。

註52：《傳記文學》，第4卷，第1期，頁25。

註53：《中外雜誌》，第42卷，第2期（1987年8月），頁17。

註54：胡頌平著，《朱家驊年譜》，頁83。

註55：《王世杰日記》，手稿本，第7冊，頁1。

註56：《胡適的日記》，手稿本（台北，遠流出版公司，1990年12月印行），第18冊。

註57：胡頌平著，《朱家驊先生年譜》，頁99～100。

註58：《中外雜誌》，第42卷，第2期，頁18。

註59：《中外雜誌》，第42卷，第2期，頁18。

註60：《大陸雜誌》，第16卷，第7期，頁205。

胡適與蔡元培

——幾件共同經歷真相的探討

一、前言

　　蔡元培於同治六年十二月十七日（1868年1月11日）生於紹興，胡適於光緒十七年十一月十七日（1891年12月17日）生於上海，兩人相差24歲。當光緒十八年春天，蔡元培考取進士、被點為翰林院庶吉士，已經「聲聞當代，朝野爭相結納」[註1]時，胡適尚不滿一歲。儘管兩人的年齡、地位相差很大，從而結識較晚；但自1917年在北大共事後，就一直維持著良好的關係，蔡對胡處處予以維護、信任；胡對蔡則崇敬備至，始終盡力擁護、支持。

　　對蔡元培、胡適作個別研究的論著非常多，而專門討論兩人關係、以〈蔡元培與胡適〉為題的文章則有三篇，其作者分別為：趙家銘、[註2]耿雲志、[註3]黃艾仁。[註4]趙文就兩人的關係史料作一排比，發表最早；耿、黃二人，都是研究胡適很有成就的學者。惟三文

發表時，《胡適的日記》手稿本尚未印行，故頗有可待補充或商榷處。本文為了避免無謂的重複，僅選擇蔡、胡兩人幾件共同的事業作一探討。

在回顧兩人關係時，我們不難發現：胡的事業，很多是隨著蔡而轉移；亦即在蔡的重要事業中，胡大多主動或應邀參與。由於關係密切，在《胡適的日記》中，留下了許多對蔡元培直接而真實的觀察紀錄，使我們換一個角度以胡適的立場來看一下蔡元培，將對一些重要問題得到比較完整的印象或新的解釋。

二、北京大學——由相識到深交

胡適在其《口述自傳》中云：

「當我在北京大學出任教授的時候，北大校長是那位了不起的蔡元培先生。蔡校長是位翰林出身的宿儒。但是他在德國也學過一段時期的哲學，所以

胡適院長
（任期：1957年12月～1962年2月）

也是位受過新時代訓練的學者，是位極能接受新意見新思想的現代人物。他是一位偉大的領袖，對文學革命發生興趣，並以他本人的聲望來加以維護。」註5

這是胡適晚年對蔡元培的綜合評價。雖簡單數語，已經概括了他的志事與平生。

蔡元培之知道胡適其人，是因為陳獨秀（仲甫）及其所編《新青年》雜誌的關係。1916年12月26日，蔡元培被正式任命為北京大學校長的當天，到北京前門外一家旅館拜訪陳獨秀，請他擔任北大文科學長，陳則推荐胡適。1917年1月11日，蔡元培呈報教育部，擬聘陳為文科學長，13日獲准。註6亞東圖書館主人汪孟鄒即於是日致函胡適，告知其回國後之工作事云：

「仲甫〔陳獨秀〕已經代為謀就，子民〔蔡元培〕先生望兄回國甚急，囑仲甫代達。如能從速回國，尤所深企。」註7

陳獨秀也於此時致函胡適，說明此意：

「蔡子民先生已接北京總長〔北京大學校長〕之任，力約弟為文科學長，弟荐足下以代，此時無人，弟暫充乏。子民先生盼足下早日回國，即不願任學長，校中哲學、文學教授俱乏上選，足下來此亦可擔任。」註8

由此可見，蔡、陳、汪三人對他企盼之殷。7月10日，胡適自美返國抵滬，9月10日到北京，就任北大教授。[註9]12日，蔡元培在六味齋為之設宴接風，[註10]兩人從此締結了二十多年的深交。

胡適初進北大即備受禮遇的情形，還可以從其薪俸方面看出來。陳獨秀在1917年1月函告胡適：「學長月薪三百元，重要教授亦有此數。」[註11]按北大訂定薪俸的標準有四個條件：「授課時間之多少，教授的成績，著述及發明，在社會之聲望。」[註12]照此標準，除第一項授課時間之多少無從與他人比較外，其餘的三項，就當時的胡適來說，似乎皆不具備，可是核給他的薪俸卻是二百八十元，這個待遇是相當高的，我們可以和清末在上海與蔡元培共事頗久、這時也在北大任教的兩位老友作一比較：文本科教授葉瀚只有一百四十元，理本科教授鍾觀光為二百四十元，[註13]都較胡適為低。即使錢的多寡不算甚麼，面子上卻十分風光。在胡到北大前，蔡向未與之謀面，僅憑其幾篇文章，便加以重用，證諸以後胡的卓越表現，確有知人之明。

胡適在北大所教的課程為：英文學、英文修辭學、及中國古代哲學，每周12學時。其名著《中國哲學史大綱》卷上，於1918年9月寫成付印，蔡元培為之作序，對他在短短一年的時間中，完成此書，除佩服其「心靈手敏」外，並指出有四大特長：證明的方法、扼要的手段、平等的眼光、及系統的研究。胡適赴美留學是治西洋哲學史的，回國後所講授的卻是中國古代哲學史，當時北大同仁及學生難免抱持著驚奇的態度，這篇序文適時為之「壓場」。在四十年後，胡適尚心存感激的說：

「據顧頡剛先生記載，在我第一天講中國哲學史從老子、孔子講起，幾乎引起了班上學生的抗議風潮！後來蔡元培先生給這本書寫序，他還特別提出『從老子、孔子講起』這一點，說是『截斷眾流』的手段。其實他老人家是感覺到他應該說幾句話替我辯護這一點。」註14

在蔡元培的序文中，又說胡適「生於世傳『漢學』的績溪胡氏，稟有『漢學』的遺傳性。」這些話頗有值得商榷之處，其用意無非是強調他「學有淵源，有意抬高他的身價，來壓倒當時的老古董。」註15

1919年3月，蔡元培與守舊派的林紓（琴南）論戰時，也極力回護胡適，說他善作白話文，但不是僅以白話文藏拙，並再次推崇其《中國哲學史大綱》云：

「胡君家世漢學，其舊作古文，雖不多見，然即其所作《中國哲學史大綱》言之，其了解古書之眼光，不讓于清代乾嘉學者。」註16

胡適在北大的表現，並沒有辜負蔡元培的期許，據蔡後來於〈我在北京大學的經歷〉一文中追憶云：

「胡君真是『舊學邃密』而且『新知深沉』的一個人，所以一方面與沈尹默、兼士兄弟、錢玄同、馬幼漁〔裕藻〕、劉半

農〔復〕諸君以新方法整理國故，一方面整理英文系。因胡君之介紹而請到的好教員，頗不少。」註17

又於〈我在教育界的經驗〉一文中説：

「北大的整頓，自文科起。舊教員中如沈尹默、沈兼士、錢玄同諸君，本已啟革新的端緒；自陳獨秀君任學長，胡適之、劉半農、周豫才〔樹人〕、周豈明〔作人〕諸君來任教員，而文學革命、思想自由的風氣，遂大流行。」註18

蔡元培之所以一再盛讚胡適，乃是因為他在北大所推行的各項重大改革，胡適均予以大力支持，並積極參與，如：創議實行各科教授會管理制度，建議廢年級制改採選科制，創辦哲學研究所，鼓吹大學開放女禁，組織成美學會，促成邀請杜威來華講學等，均為胡適所推動。在1923年1月蔡元培離開北大前，胡適於教學之外，所擔任的工作甚多，較重要者有：大學出版委員會委員長、教務長、評議會評議員、哲學研究所主任、英文科教授會主任、《北京大學月刊》編輯、《國學季刊》主任編輯等。此外，尚有一些與北大沒有直接關係的工作，如：《新青年》編輯、接辦《每周評論》、擔任《新潮》顧問、創辦《努力週報》等，可以説相當活躍。由於工作上的關係，他有很多機會與校長接觸或有所獻替。他曾替北大擬訂「五年、十年的計畫」，惜因政治不安定，沒能貫徹執行。他「積極主動的為蔡元培出謀獻策，成為蔡元培智囊團中的核心人物。」註19

蔡元培於1920年11月赴歐，1921年9月18日上午回到北京，當天下午胡適即到蔡家長談，他說：

> 「蔡先生精神甚健，雖新遭兩件不幸的事——死了夫人與令弟——而壯氣不稍減，甚可喜。」[註20]

19日晚上，胡適丙與顧孟餘、陶孟和、顏任光、陳世璋（聘丞）到蔡家長談三個半小時，談話的內容是：

> 「我談大學進行事，決定『破釜沉舟』的幹去。蔡先生尚不退縮，我們少年人更不當退縮。是夜商定(1)圖書募捐事，(2)主任改選事，(3)教務長改選事，(4)減政事，(5)組織教育維持會事。」[註21]

從這段生動的記錄中，看到這些富有朝氣的青年學者，團結在蔡元培的四周，為改革北大而幹勁十足的畫面，能不令人為之動容！

　　北大很多重大的事情，胡適都不計名分，主動協助處理，如1922年10月之「講義風潮」，造成校長辭職，全體職員也宣言暫時停止職務，情況十分危急。當時胡適正在濟南參加第八屆全國教育聯合會議，這次大會，主要的是討論新學制問題，胡適被推主擬學制系統改革草案，於10月17日修正通過。18日，接北大教務處急電促歸，即於19日束裝北返，在了解風潮全部經過後，召集教務、總務聯席會議，商討解決辦法，並與學生代表磋商，方告平息。[註22]而1923年1月蔡元

培之辭職事件，胡適不僅全程參與，並且代為草擬辭職呈文，蔡元培便從此脫離了北大，[註23]其影響尤為深遠。事情的起因是：1922年直奉戰爭後，直系軍閥內部形成了以曹錕為首的津、保派與以吳佩孚的首的洛派，9月19日，王寵惠得洛吳之助組閣，為津、保派所不滿。11月18日，眾議院正副議長吳景濂、張伯烈向總統黎元洪告密，指控財政總長羅文榦簽訂奧國借款展期合同，有納賄行為，迫黎立下手諭，將羅拘押，以圖推倒王內閣，並打擊洛派。王內閣遂於25日提出總辭。1923年1月11日，地方檢察廳宣告羅案證據不足，免於起訴，將羅釋放出獄。而甫於1月4日組成之張紹曾內閣，由於在形式上需經眾、參兩院投票通過，教育總長彭允彝乃於1月16日閣議席上動議羅案交法庭再議，以討好國會，換取閣員之同意票。羅文榦乃又被拘入獄。蔡元培認為彭允彝以教育總長干涉司法獨立，是蹂躪人權、獻媚軍閥的勾當，他「目擊時艱，痛心於政治清明之無望，不忍為同流合污之苟安；尤不忍於此種教育當局之下，支持教育殘局，以招國人與天良之譴責。」[註24]遂於1月17日憤而辭去北大校長職務，以示抗議。

　　這次辭職事件，一般的記載，只是敘述些表面的事實；至於整個事件的真相，今從胡適的日記中找到了真正的答案。根據他的紀錄說：

「北京反動的政治實在使我們很難忍受了。於是有蔡孑民先生抗議而辭職的事。此事外間頗不明真相，我在這裡略記此事經過的事實：
一月十六日，……京報的邵飄萍〔振青〕……問：『知道今天下午的新聞嗎？』我說不知。他說：『說來話長，還是明天

我邀你和蔡先生、〔蔣〕夢麐先生吃午飯，當面談罷。』

十七日，我們四人在東華飯店吃午飯。邵飄萍要報告給我們的消息，乃是羅文榦一案，地檢廳已宣告不起訴了，十六日閣議，竟決定由司法總長程克令地檢廳徑行偵查，而提議人乃是教育總長彭允彝。彭之動機大概是要見好於吳景濂，以謀得同意票。我們聽了這事，自然很氣。蔡先生自去年十月講義風潮以來，即有去志。他來勸我告假時，曾說自己也要走了，因為不願在曹錕之下討生活。（當日有先倒王閣，次倒黎而擁曹的傳說。）後來王毓芝（曹錕的健將）來京，與王克毓同具名請蔡〔元培〕、蔣〔夢麟〕、湯〔爾和〕和我們吃飯，席後二王公然陳述曹錕對教育界的好意！這是更使我們難堪的，並且可證實曹有做總統之意了。蔡先生去志既決，故於廿五周年開學紀念，大舉慶祝，頗有願在歌舞昇平的喊聲裡離去大學之意。紀念已過去了，反動的政治更逼人而來。蔡先生今日聽了飄萍的話，很憤激，他主張邀集國立各校長中之可與共事者---法專與農專為彭系的人──以辭職為抗議，不願在彭允彝之下辦教育。

當蔡先生請飄萍試擬一辭呈；稿成後，殊不滿人意；我們只好先散了，帶了呈稿到蔡宅去商議。我們到蔡宅後，決計不用邵稿，由我另起稿，經蔡先生刪改後，我們就散了。下午蔡先生邀湯爾和來商議，決定二事：(1)初稿為「元培等」，決改為一人出名，不邀各校長了；(2)我們初議蔡先生不出京，爾和勸他即日出京，蔡先生也依了。

蔡先生於十八日早晨出京了。我到正午始得他出京的信。」[註25]

由此可知蔡早有辭意，聽邵飄萍所說內幕後才作了決定。這時候，胡適連續在《努力週報》上發表文章予以聲援，第一篇為〈蔡元培以辭職為抗議〉，[註26]他說，蔡元培早就有了「以去就為抗議」的決心，「我們贊成蔡先生此次的舉動」，「他這一次的抗議，確然可以促進全國國民的反省，確然可以電化我們久已麻木不仁的感覺力。」接著又在〈蔡元培的『不合作主義』〉[註27]一文中引申說：

> 「蔡先生這一次的舉動，確可以稱為『不合作主義』，因為他很明白的指出，當局的壞人所以對付時局，全靠著一般胥吏式機械式的學者『助紂為虐』；正誼的主張者，若求有點效果，至少要有不再替政府幫忙的決心。」

同時又在〈蔡元培與北京教育界〉[註28]文中指出兩點：(一)蔡元培的去志十分堅決，是挽留不住的，所以不主張挽留了；(二)蔡元培不願為一人而牽動北大及北京學界，所以主張北京教育界應繼續維持各校，不要牽動學校。並忠告政府：彭允彝不能不去，北大校長斷不可隨便任命。

由於陳獨秀在《嚮導週報》發表〈評蔡校長的宣言〉[註29]一文，謂「以責備賢者之意，對於他這種『消極的』『非民眾的』觀念，認為是民族思想改進上根本的障礙。」胡適又寫一篇〈蔡元培是消極嗎？〉[註30]為之辯護云：

「我們平日知道他的，都該承認他確不是完全消極的人。他
的行為，有時類似消極，然而總含有積極的意味。……『有
所不為，然後可以有為。』這是蔡先生平日一貫的精神。
……我們如果希望打倒惡濁的政治，組織固是要緊，民眾
固是要緊，然而蔡先生這種『有所不為』的正誼呼聲更是要
緊。」

這時候，胡適自謂「差不多成了蔡先生的唯一辯護人」，[註31]他曾和張
君勱託參議院議員湯漪，邀參議院中各黨首領談話，請否決彭允彝
之同意案，結果仍獲通過。他所以運動否決彭允彝，是想「以了『去
彭』的技節問題」，他的意思是「要注意政治大題目」，對於演變成
「專以彭允彝為主題，殊使人失望。」[註32]他檢討整個事件時說：

「蔡先生抗議的事，使我很有點反省。(1)問題的不分明。我
極力想把問題放大，而別人只看見彭、蔡之爭。(2)響應之寥
寥。響應的人真太少了；飯碗的勢力可怕，政治知覺的缺乏
更可怕。」[註33]

在公開方面，胡適全力支持蔡元培，可是對於後續的發展，卻不盡滿
意；雖有不滿，仍基於對蔡元培的禮敬，沒有公開表示異議，從1926
年7月2日蔡元培致胡適函中，可以得到證明：

「弟三年前出京時，本宣布過『不合作』之意見，雖不為先生所贊同，而亦以成事不說之態度對之；……誠見愛人以德之美意。」註34

「去彭」只是枝節問題，不能當作主題，要將問題放大，也就是將軍閥政治推翻，才是根本解決之道。胡適這個看法，與當時中共黨人李大釗、鄧中夏的主張，可以說是相同的。註35 1931年3月11日，胡適在日記中記共產黨員、在北大時的學生領袖楊廉（四穆）談話云：

「十二年〔1923〕蔡先生為彭允彝事去職，共產黨便欲借此大舉，一面要五路工人總罷工；一面在第三院請客，譚熙鴻與四穆〔楊廉〕均在座，共產黨中首領便提議國民政府如何組織法了！」註36

證明中共黨人已經在運用這一有利情勢，其「政治知覺」並不缺乏，值得深思！

1923年7月20日，蔡元培自上海乘輪船赴歐，胡適認為「國中中堅人物絕少；係全國重望，而思想出於進取的，……尤不可多得。」深感他於「此時遠適異國，為國家計，殊為可惜。」註37直到1926年2月3日，蔡元培始返國抵滬，因京、津間適有戰事，未能回北大看看。

三、大學院──共謀改革教育行政

　　1927年10月1日，蔡元培正式宣誓就任中華民國大學院院長，旋即邀請胡適相助。胡適在大學院先後擔任大學委員會委員、譯名統一委員會籌備委員、[註38]及古物保管委員會委員。[註39]其中則以大學委員會委員一職最為重要。他因為參加大學委員會，而得以參與處理中央大學更易校長風波及目睹爭奪北大地盤之經過，並留下了詳細的紀錄，為近代中國教育史上殊為難得之史料，茲分別敘述如下。

（一）參與大學委員會

　　據「大學院大學委員會條例」，該會為大學院最高立法機關，決議全國教育上學術上重要事宜，包括決定大學院院長與國立各大學校長之人選。（第一條）其委員由(1)國立各大學校長、(2)大學院教育行政處主任（後修正為副院長）、(3)國內專門學者五人至七人組成。（第二條）[註40]前兩項為當然委員，聘任之五位委員為：李煜瀛、褚民誼、胡適、許崇清、高魯。[註41]其中李、褚、許三人為大學院前身教育行政委員會委員，由此可見胡適被重視之一斑。

　　可是胡適並不願意擔任大學委員會委員之職，經蔡元培再三力挽，始勉強膺命，中經許多周折。在胡適五度請辭的過程中，也可以看出國民政府奠都南京的初期，在教育方面尚未穩定的複雜情形：

　　1927年10月，蔡元培擬聘胡適為大學委員會委員，胡於10月24日回信辭謝，其理由是：

　　　　「大學委員會之事，我決計辭謝，請先生勿發表為感。……
　　　　我是愛說老實話的人，先生若放我在會裡，必致有爭論，必

致發生意見，不如及早讓我迴避，大學院裡少一個搗亂分子，添一點圓融和祥之氣象，豈非好事？例如勞働大學是大學院的第一件設施，我便不能贊同。……然今日之勞働大學果成為無政府黨的中心，以政府而提倡無政府，用政府的經費來造無政府黨，天下事的矛盾與滑稽，還有更甚於此的嗎？何況以『黨內無派，黨外無黨』的黨政府的名義來辦此事呢？……舉此一例，略示我所以不能加入委員會的理由。……類此之例尚多，如所謂『黨化教育』，我自問決不能附和。若我身在大學院而不爭這種根本問題，豈非『枉尋』而求直尺？」註42

蔡元培於27日即復一函，勸胡適不要固辭：

「惠書敬悉。大學委員會所討論之事，未必涉及有政府與無政府問題；勞働大學與無政府主義尤無關係；……石曾〔李煜瀛〕固好爭意氣，然會中有多人均非持無政府主義者，彼亦無從固執。……下星期六（十一月五日），擬在上海開第一次會議，請先生必到。……現在最要緊之要求，即請先生肯任大學委員會委員，請俯如所要求，至要至要。」註43

大學委員會於1927年11月6日〔原訂5日〕、13日所舉行的第一、二次會議，胡適均前往出席，註44其辭委員事，暫時告一段落。

至1928年6月，中央大學發生更換校長風波，大學委員會於6月

15日集會，商討解決之道。在會中，胡適與吳敬恆、易培基等意見不同，發生激烈爭辯。（詳下文）胡適十分失望，翌日即再函蔡元培，決心辭去大學委員會委員，語氣至為堅定，毫無商量餘地，函云：

> 「大學委員會委員的事，當初我曾向先生堅辭兩次，終以先生苦留，故不敢堅持。現在我已決心擺脫一切，閉戶讀書著述，故請先生准我辭去大學委員之職。此意十分堅決，絕無可挽回，千萬望先生允許。倘先生不允許，我也只好自己在報紙上登啟事聲明已辭職了。千萬請先生鑒察並原諒。」[註45]

這時，蔡元培在大學院，雖備感孤單，惟尚未完全絕望，故仍不准胡辭，即於6月20日復以：

> 「奉惠書，堅辭大學委員會委員，不敢奉命：還請繼續擔任，隨時賜教為幸。」[註46]

胡適尚未接到此信，又於6月21日函告蔡元培：

> 「前上快信，請先生准我辭大學委員，至今未得先生賜覆，想已蒙默許。請不必回信了。」[註47]

6月24日，蔡元培復以「並未默許，仍請繼續擔任為幸。」[註48]胡適則於6月27日再函蔡元培續辭：

「先生不許我辭大學委員會，殊使我失望。去年我第一次辭此事時，曾說我的脾氣不好，必至破壞院中和平雍穆的空氣。十五日之會果然證明此言。當時我已十分忍耐，故雖被稚暉〔吳敬恆〕先生直指『反革命』，亦不與計較。但日後我決不會再列席這種會，因為列席亦毫無益處，於己於人，都是有損無益。（吳先生口口聲聲說最大危險是蜀洛黨爭，然而他說的話無一句不是黨派的話，這豈是消弭意見的辦法嗎？）我雖沒有黨派，卻不能不分個是非。我看不慣這種只認朋友、不問是非的行為，故決計避去了。既已決心不出席，留此名義何用？此為最後陳述，亦不勞先生賜復，我也不登報聲明，望先生體諒此意。」[註49]

胡適在這封信稿的前面記有「此信不曾寄去，另有信寄去」字句。在其7月8日日記中，有一條說：「今夜寫了一封一千多字的信給蔡先生，這是我第五次辭職書。未留稿，請他也不可示第二人。」[註50]直到8月13日，蔡元培在復胡適的信中說：「前奉惠函，言必辭大學委員，不敢相強；當向委員會報告。久不復，甚歉。」[註51]總算允許他辭了。事實上，這時蔡元培也已決計離開大學院，自然不會再留胡適在大學委員會。兩人可以說是與大學院同進退。此後蔡即長期居留滬上，遠離政治中心之南京，而胡在上海擔任中國公學校長，彼此過從更密，也更方便。

（二）處理中央大學易長風波

　　1928年5月15日，大學院所召集的全國教育會議在南京開幕，胡適自滬前往參加，看到國民政府有些新氣象，[註52]同時也聽到一些關於大學院的暗潮：

> 「鄭湯和對我說大學院中的暗潮，如金湘帆不久即將離去，
> 便是一例。當政府在廣東時，僅有教育行政委員會，其中主
> 要人物現在都不得意而去，存者僅有〔金〕湘帆，初為祕書
> 長，今杏佛作副院長，便作他的上司了。故他不甘鬱鬱久居
> 此。」[註53]

事實上，大學院自成立起，內部一直不太穩定。至1928年6月8日，中央大學忽起易長風波；大學院調中央大學校長張乃燕為大學院參事，其校長遺缺令由吳敬恆接充。在張來說，是明升暗降，實變相之免職；而吳則以事太離奇，決不擔任；同時，中央大學高等教育處處長兼自然科學院院長胡剛復及祕書長楊孝述（允中）也一起辭職。一時暗潮洶湧，糾紛迭起，使全校頓呈不寧之象。大學委員會乃於6月15日在南京開會討論，胡適於6月14日自上海乘夜車前往出席，他在這一天的日記中評述云：

> 「此事確似係大學院的錯誤，故張乃燕向國府詰責，蔡先生
> 致自請處分，必係代杏佛受過。」[註54]

他在赴南京的夜車上，遇到同去出席大學委員會的蔣夢麟、張謹（仲蘇）、鄭洪年，胡適記所談內容云：

> 「鄭洪年便說：『明天我們不可客氣了，非把楊杏佛趕掉不可。這個東西不去，是不成的。』他們的談話大抵如此。我說：『我同蔡先生共事多年，知道他的脾氣，明天若有人攻擊楊杏佛，他一定自己挺身負責，決不讓杏佛引咎而去。』後來我獨與夢麟談，我說要去勸杏佛辭職，他也贊成。」[註55]

他們於15日晨到達南京，胡適先往大學院問張奚若、錢端升的意見：

> 「奚若詳述中央大學易校長的經過，其大意有下列各點：
> (1) 此事發端在中央黨部的陳果夫、葉楚傖；（眉註：果夫是張乃燕的同鄉好友，故想設法維護他。）[註56]他們聽了許多流言，以為中大即將有大風潮，並且有政治意味，故他們要蔡先生早日解決此事，請他自己兼任校長。
> (2) 蔡、楊事前不曾先與張靜江〔人傑〕、張乃燕商量。（眉註：他們在靜江宅商量，蔡以為靜江已知，其實未知也。張乃燕住大學院中，何不早點告訴他？）故引起許多誤會。
> (3) 杏佛處置也有許多失當之處，奚若是高等教育處長，事前全不知道。那天他偶然到杏佛房裡，只見他同楊孝述談胡剛復的事；杏佛說，『剛復為什麼不辭職？』楊孝述說，『他不久就要走的。』杏佛說，『不久！來不及了。』他

> 就取紙大書『調任張乃燕為大學院參事』『任命吳敬恆為
> 國立中央大學校長』……等等命令。（眉註：杏佛近幾個月與
> 剛復不睦，故早想去他，為稚暉〔吳敬恆〕擋住了。外人不察，以
> 為杏佛袒剛復。其實杏佛是借去張而去胡也。）允中〔楊孝述〕與
> 奚若面面相覷，只好不開口。所以奚若對我說：『我做高等
> 教育處長，比一個書記也比不上，不走還等什麼？』」註57

在這段記載中，楊銓只是大學院副院長，對於任免中大校長這種重大
事情，竟不請示院長，也不提大學委員會討論，即提筆下令，實太
過分。胡適辭別了張奚若，再去看楊銓，告訴他昨天晚上各委員的態
度，因而勸他辭職。楊銓答應了，不過稍後又對胡適說：

> 「剛見著吳稚暉先生，他不許我走，說，我此時走，不但要
> 牽動蔡先生，還要引起『張靜江趕走楊杏佛』的流言。我只
> 好等此事過去了，三民主義考試完了，再走。」註58

這是15日上午胡適分別洽談的經過。下午，即正式舉行會議，先討論
中央大學的事。胡適記其經過情形云：

> 「蔡先生報告過去的情形；吳〔稚暉〕先生有長時間的補充說
> 明。他們老實說，校長是不能不換的，但現在找不著適當的
> 人，只好請張乃燕先生維持下去，等到選著人時再交代。這
> 樣說法，張乃燕先生居然忍受得下，此人肚裡真可撐船也。

（眉註：稚暉對我說，張乃燕是闊少爺，若聘他作大學委員，他一定高興；今調他作參事，則是叫他在楊杏佛手下作屬員也，他所以跳起來了。）這件事過去了。滿城風雨的中大問題，原來不值得一笑！誰也不知道今天會上的大爭論卻在北大的問題。」[註59]

這次易長風波，肇因於楊銓和張乃燕的不睦，其中也可能有南北學派的門戶之見。楊是蔡元培的得力助手，張係張人傑的侄子，蔡支持楊，便開罪了張人傑；而李煜瀛因與張人傑的關係十分密切，自然維護張乃燕。中大校長問題雖然迅即落幕，可是在教育界卻從此逐漸形成了蔡、李兩系。

（三）北方教育地盤的爭奪戰

1928年5月中旬，北伐軍繼續向北推進，北京已指日可下，過去北京大學的教授如蔣夢麟、王世杰、周鯁生等，都想再回北大去；還有一些教育界人士，也迫不及待的準備去北京搶地盤了，胡適在其5月23日日記中，曾記有一個實例：

「口口口〔原文如此〕來談一件事，使我大笑。前天南京喧傳北京已攻下了，有一位教育大家信以為真，立刻搭車來上海，準備趁船趕到天津，預備在馮大將軍〔玉祥〕的庇護之下接收京師大學，做八校的總長。他到了上海，才知道那天的消息不確，所以至今還逗留在上海。他知道馮是不喜歡蔣夢麟的，但他卻愁蔡先生自兼北大校長，而派代表去辦。他說：『萬不得已，只好搶清華。』」[註60]

胡適沒有說出這位教育家的名字，但看到他所露出來的「急色相」，
即很感慨的預言：將來打到北京時，「搶飯碗打破頭的事情還多著
呢。我們瞧著罷。」事實真的被他不幸而言中。

　　上節所述1928年6月15日的大學委員會會議中，第二個要討論的
就是北大問題，果然為此而引起一場大的爭論。胡適在他這一天的日
記中記云：

> 「蔡先生報告北大問題的經過，有兩點：(1)改名中華大學，
> (2)他自己不願兼中華大學校長，請會中決定推李石曾為校
> 長。」

這個問題的由來，要追溯到6月8日，北伐軍克復北京，國民政府即明
令派員接收北京政府，而在同日國府委員所舉行的第70次會議中，蔡
元培提議：

> 「北京大學歷史悠久，上年北京教育部併入師範等大學，改
> 名曰京師大學；現在國府定都南京，北方京師之名，不能沿
> 用，擬請仍名北京大學，並選任一校長，以專責成。
> 易培基提請任命蔡元培為中華大學校長，在蔡尚未能到任以
> 前，請以李煜瀛署理。
> 決議：京師大學，改為中華大學，任命蔡元培為校長，未到
> 任前以李煜瀛署理。」[註61]

旋因蔡元培獲悉李煜瀛有意擔任中華大學校長，故在大學委員會中提請改推李煜瀛。胡適事先根本不知道其中內幕，便在會中首先發言：

> 「(1)北京大學之名不宜廢掉；(2)石曾〔李煜瀛〕先生的派別觀念太深，不很適宜，最好仍請蔡先生自兼。」

此言一出，即引起爭論。張乃燕說李煜瀛最適宜；吳敬恆繼說：「北大之名宜廢，李石曾是『天與之，人歸之』。」易培基則敘述6月8日提出李煜瀛長中華大學的經過，他說：

> 「他先和稚暉、靜江商定了推石曾為中華大學校長，決定之後，那天早上來尋蔡先生，只見一面，未及交談，見著杏佛。杏佛說：『寅村〔易培基〕先生來的正好。大學院今天預備提出北大的事，蔡先生自己願意兼，不好自己提出，請寅村先生提出。』易就去尋蔡先生，說，他不能提蔡先生，因為事前已和吳、張兩位商量定了推石曾先生，若改推蔡先生，豈不成了『賣友』？所以後來國府會議有調停的辦法，請蔡先生為校長，未到任以前，由李石曾先生代理。」

胡適乃提議仍維持國府原案，即蔡元培仍為校長，由李煜瀛代理。蔡元培認為不好，還是決定請李煜瀛為校長，並補充易培基所說的話云：

「那天我就沒有想到石曾先生要做校長，後來才知道你們幾
位先有了一次會議，已決定了。但那天匆匆地我一時沒有餘
暇回轉過來。現在都明白了，所以決定請石曾為中華大學校
長。」

吳敬恆接著又有冗長的發言，並嚴詞詰責胡適，甚至跳起來，離開座
次，大聲說他「反革命」！在這些題外話告一段落後，胡適站起來
說：「大家的意思既然一致主張石曾先生，我也只希望他的親戚規勸
他，不要把這把破茶壺摔了。」註62
　　在與會的委員中，胡適是唯一發言支持蔡元培擔任北大校長的。
經過冗長的爭論後，胡適對於事前的運作情形，方了然於胸，他深知
已經無法堅持，就此通過了蔡元培的辭職。國民政府於6月19日改任
李煜瀛為中華大學校長。註63
　　在大學委員會議的最後，蔡元培則提出要辭去大學院院長的職
務，據胡適記云：

「蔡先生又請大家商量大學院院長的繼任者。大家都不許他
辭。他說，『那我只好一丟就走了，將來還得你們諸位選出
繼任者。』那時易培基已走了，蔡先生說，『繼任院長最好
是寅村先生。』大家不討論。」

不料散會時，吳敬恆摸出幾張電報丟在胡適面前說：

「『哪，人家人都派定了，還有什麼說頭呢？』我打開看時，都是石曾給靜江、寅村的電報，一封說：中華大學校長事，須四星期後始可就職，茲派梃章〔李麟玉，字梃章〕、〔李〕書華、〔蕭〕子昇〔瑜〕三人接收中華大學。一封說：加派沈尹默接收。電文中全不提大學院與蔡先生。我說：『吳先生，你若早點給我們看這兩個電報，我們就可以不開口了！』大概吳稚暉也不很滿意這件事，所以他屢次說：『平時我們無論怎麼樣，到了有爭論時，我總不好不站在石曾先生的一邊的。——就是蔡先生也不能不站在他的一邊的。』這是什麼話！他還能說『蜀洛相爭』的話嗎？大概稚暉想今天把石曾正式通過，做到『共和的』『揖讓的』的面子，卻不料我這個笨人毀了這一團雍容和睦的空氣也。」

散會後在大學院吃飯。胡適記云：

「在吃飯時，蔡先生說，他從不曉得社會這樣複雜；他應付不了這樣複雜的社會，幹不下去了。
他們逼他兼司法部，卻不許他做北大校長。這種幹法，未免太笨。」註64

在這次會議中，擁護李煜瀛出任中華大學校長者發言盈庭，咄咄逼人，公開說出會前私下商定的方案，強行通過，不容有商量餘地，蔡元培當場表示消極，要辭去大學院院長。但不久又打消了辭意，胡

適因於6月21日致函蔡元培，表達了對他繼續做下去的看法：

「昨晤〔楊〕端六，知先生已打消辭意。此種時勢之下，一
動不如一靜，正如稚暉先生所謂『吉凶悔吝生乎動，一動而
三凶一吉，不如不動為妙。』若不能謀定而後動，雖動亦無
益于事。如統一學術機關之令〔按：指1928年6月9日國府通令各
部院為統一全國學術教育機關概歸大學院主管〕，便不是謀定而
後動。令文中提及文化基金會的社會調查所，而不及交通大
學；今先生已將交大還與交通部〔1928年6月18日，國府令准蔡元
培辭交通部直轄第一交通大學校長職務，任命王伯群繼任〕，則此令
亦等于一紙空文而已。清華學校與社會調查所皆自有經費，
似可不必去動他們；文化基金會的董事會既有自己選補缺額
之權，則已成一種『財團法人』，正宜許其辦理學術研究
機關。若謂一切學術機關皆宜統一，則不但交通大學應收歸
大學院，連一切私立大學，以及科學社之生物研究所，北京
社會政治學會之門神庫圖書館，都在統一之列了。鄙意以為
此等大計劃皆宜有審慎的態度，周詳的準備，否則令出而不
行，徒損信用而已。

十五日的會上會後，先生都曾感歎于社會的太複雜。今先
生決計繼續與此複雜的社會相周旋，似不可不有一番通盤
籌畫，總期于權力所能及而才力所能辦者，切實做去，使
有一點成績，庶幾不孤〔辜〕負一個做事的機會。個人精力
有限，大學院人才有限，似宜集中于幾件道地的教育事業，

用全力做去。此外如司法部之事，外間皆謂先生代人受過，似可以及早辭掉，損之又損，以至于性之所近而力之所能勉者，然後可以有為耳。」^{註65}

所云皆係肺腑之言，其後胡適也自認為寫得有些「戇直」；而蔡元培不僅沒有「罪責」之意，並於6月24日復以：

「承規勸之言，甚佩，當銘諸座右。有一事可奉告者，亮疇〔王寵惠〕即將回國，司法部交還，一月後必可實現，目前無法擺脫。」^{註66}

由此可見兩人交情之深厚！

蔡元培這時明知他所創立的大學院已不可為了，為何又打消了辭意？乃是因為有所待。緣在1928年2月2日至7日國民黨所舉行的四中全會中，有兩個提案涉及到大學院的存廢問題，在付諸討論時，他和李煜瀛力主維持，理由是：此項新制尚在試驗中，試驗至少須以年計，方可斷其良否。決議留到8月1日第三次全國代表大會再討論。^{註67}若在會前一個多月先行辭職，則無法交代。嗣因第三次全國代表大會籌備不及，改於8月8日至15日舉行五中全會，會中舊案重提，仍主張取消大學院，改設教育部，經決議設立五院，在行政院下設八部，教育部即為其中之一。^{註68}儘管蔡元培曾一次一次的修改大學院組織法，來遷就反對者的意見，仍然無濟於事；而一改再改的大學院，與他當初創辦的理想也相去日遠，自然沒有留戀的必要了。即於8月16日主

持最後一次大學委員會，通過設立北平大學區案後，在17日攜眷離
京，行前留下其致國民黨中央執行委員會政治會議、國民政府辭呈，
辭去政治會議委員、大學院院長本職及代理司法部長兼職，其他如國
民政府委員亦一併辭去，並說：「此呈上後，元培不復到會、院、部
視事。大學院事務已托副院長楊銓、司法部事務已委託次長朱履和代
拆代行，靜候交代。」又在呈國民政府之文末云：「擅離職守，願受
處分。」註69其去志之堅可以想見。後雖備受慰留，均不予考慮。註70據
胡適日記云：

> 「蔡先生的辭職似很堅決。李石曾至今不到北京去。這兩
> 天，石曾忽要辭去中華大學校長之職，仍請任命蔡先生為校
> 長，而以李書華為副校長！蔡先生得信後，去電阻止，說，
> 『太滑稽了』」。註71

李煜瀛多方爭奪中華大學，到手後又想改推蔡元培，實在有點將教育
大業視為兒戲。至於北平大學區之設立，蔡元培不贊成，而李煜瀛
堅持，卒在8月16日大學委員會會中通過設立。註72北平大學區自始至
終，波濤起伏，成績甚少。其原因固不止一端，據陳哲三的研究，
「李所用人都不十分純良」，殆為重要因素之一。註73而胡適對李煜
瀛，則向無好評，甚至認為北大就是壞在他的手裡：

> 「我第一次見石曾，便不喜他；第二次見他，便同他作對
> （為里昂大學北大海外部事）。十年以來，無有一次看得起此人

的。蔡先生費大力引他入北大，終使北大壞在他手裡，真是引狼入室。」註74

蔡、李自清末起即一直合作無間，及至大學院的末期，方出現了裂痕，其中的是是非非，說法不一，如今從胡適所留下來的紀錄中，可以看出當時國民政府中負責教育大計的人士分合的情形，也可以找到一些幫助了解的新線索。

四、中央研究院——兩件政治干預學術的實例

1958年4月10日，胡適在就任中央研究院院長時致詞說：

> 「我對中央研究院有親切的關係，不僅我是中央研究院歷史語言研究所的通信研究員，也因為中央研究院是我許多朋友的心血結晶。」註75

胡適與中央研究院的關係，要追溯到大學院初成立時，他即被聘為中央研究院社會科學研究所籌備委員。註76 1928年4月，中研院改為獨立機關。10月，又聘胡適為歷史語言研究所特約研究員，註77後改為通信研究員。1935年6月20日，當選為第一屆評議會聘任評議員。1948年3月，當選第一屆院士。1957年10月，朱家驊辭代理院長職務，11月，特任胡適為院長，於1958年4月自美返臺就任。1962年2月24日，在第五次院士會議歡迎新院士酒會結束時心臟病猝發，與世長

辭。由以上簡述，可知胡適自中研院成立起，就與中研院一直維持著親切的關係，並且死在院長任上。

在胡適所留下的日記中，記有兩件與中研院特別有關的大事：一為1930年國民政府令設在上海的各研究所限期集中於南京；一為1940年選舉繼蔡元培為院長人選事。前者胡適以為是「政府中人借研究院來報復蔡先生不合作的態度」；後者則為中研院學人「不惜忤旨」以反對最高當局授意選顧孟餘為院長候補人。皆與政治干預學術有關，頗值得注意。茲分別加以探討。

（一）強令中研院集中南京

就中研院係國家學院之地位而論，各研究所理應集中在一起，惟有事實上之困難。緣在成立之初，即為院址問題煞費苦心，本預定集中在首都南京，並曾於1929年1月30日呈請國民政府於清涼山一帶，劃定中央院址，奉諭「交南京特別市政府照辦」。復於1929年度預算書中，請撥給臨時費一百零二萬五千元，作為第一步建築費。可是清涼山之地，南京市政府遲未交付；而所請之臨時費，國民政府也未照撥。故首都集中大計劃，無從著手。[註78]直至1930年1月，各所處尚分散在京、滬、平三地；總辦事處、自然歷史博物館、及天文、氣象兩研究所在南京；地質、物理、化學、工程四研究所及駐滬辦事處在上海；歷史語言、心理兩研究所在北平；至於社會科學研究所，下分法制、民族、經濟、社會四組，前二組設於南京，後二組則暫設上海。由於並未領有建築及設備費，各單位只得於每月經常費中提出大部分以供設備之需。困窘之狀，可想而知。蔡元培因向中華教育文化基金

董事會申請，撥國幣五十萬元，補助物理、化學、工程三個研究所，作為在滬建築實驗室及初步設備費，以發展理化實業科學。1929年6月，在該會第五次年會中獲得通過。[註79]雙方於8月20日組成建築委員會，商定進行步驟及付款辦法。[註80]遂積極展開興建工作。

不料1930年1月8日，國民黨中央執行委員會政治會議舉行第212次會議時，戴傳賢委員提議：

> 「查中央研究院為我國文化學術最高機關，前經相定清涼山
> 一帶地方作為該院院址，該院所有一切建築，自應就首都所
> 在循序舉辦，庶幾首都成為文化中心，設中央遇有或〔特〕
> 種事件，亦便就近諮詢。茲聞該院近忽在上海購買地皮，且
> 將投標開始建築房屋，此種辦法，似稍嫌不合，應請交國民
> 政府迅予糾正。」

經決議函國民政府中央研究院，一切建築，應在首都。[註81]國民政府之訓令於1月11日到達中央研究院。中央研究院於1月16日呈復國民政府，說明清涼山之土地，南京市政府尚未交付，所請之臨時費，國民政府亦未照撥，該院集中於南京之大計劃，故無從著手。繼說明在滬各研究所及建築情形云：

> 「至物理化學工程三研究所則於十八年〔1929〕一月三十日
> 呈請鈞府劃定中央院址文中，及同年三月八日呈送中央政治
> 會議工作報告文中，疊次分別鄭重聲明，規定設在上海。其

理由一以上海為吾國工業較為發達之地，可以互相裨助，利用水火煤氣及添置儀件材料等較為方便。二以日本對支文化事業局所設之自然科學研究所正在上海，有抵抗文化侵略之必要也。然三研究所自每月經費中節存之建築設備費，為數無多，不得不暫在普通房屋中小小試驗，其規模較大之研究，非有特殊建築不能進行。適中華文化基金董事會有建設理化實業研究所之計劃，職院因與商議合作，承其贊同，願以所準備之五十萬元補助職院，聲明專充建築及設備之用；職院乃能計劃建築，所購之地不過十八畝，建築費不過數十萬元，實為一部分中之小部份。其大建築當然仍在首都。……至於上海小部分之建築，固並行不悖者也。求之各國通例，美國之研究院，其總機關固在華盛頓，而有關工藝之部分，則設在紐約，德國之研究院，其純粹學理的研究，固設在柏林，而關於驗煤質及人造草等各部分，則分設在原料適宜之地方。……即以吾國國立各機關言之。中央大學固設在南京，而其醫學院商學院則設在上海，財政部固在首都，而所轄之中央銀行，則設在上海，未聞有議其不合者。職院所計劃之物理化學工程研究所，正猶中央大學之醫學院商學院耳。現在首都建設積極進行之時，復奉鈞府訓令，職院在首都之大建築計劃，自應亟謀實現，務懇鈞府迅予分令南京特別市政府及財政部，將所需地款分別交撥，俾可剋期開始。在大計劃未能實現以前，在上海之理化工程研究所小建築，仍擬照原定計劃進行，以期早收改良中國工業及抵抗日本文

化侵略之效。」註82

這篇理直氣壯的呈文，經國民政府轉呈中央政治會議，中央政治會議提至1月22日舉行的第213次會議討論後，決議：

> 「中央研究院在上海之各研究所，應移至南京，所有在滬一切建築，即日停止，其所有已著手之各項設備，限本年四月以前一律移至南京，所請撥清涼山地方及第一步建築費，由國民政府分飭照發在案，相應錄案咨請政府查照，並分別轉飭遵照辦理。」註83

詞氣相當嚴厲，毫無通融餘地。該項決議，經國民政府於1月29日送達中研院。這對於正在徐圖發展中的中研院來說，可以說是一項相當大的打擊。在這項嚴厲的命令背後，尚蘊藏著一段不為人知的秘辛，迄未見有任何文字紀錄保留下來，今在胡適2月1日的日記中，找到一些可信的線索：

> 「政府中有人近來很和中央研究院為難。院中去年得文化基金董事會允撥五十萬元為理化工程研究所的建築費，建築工程即將開始，上月中央政治會議忽決議令研究院停止建築工作，務須遷到南京，杏佛奔走多次，——十四日之中，往返南京、上海八次！——行政院與國民政府方面已疏通好了，呈覆到政治會議，忽然蔣介石〔中正〕自己主席，力主令研

究院將所有研究所一律于四月以前遷到南京，建築工程立即
停止，進行中的一切設備均於四月前遷往南京。此令昨日到
研究院。蔡、楊諸君在前年屢次用政府勢力壓迫學術文化機
關，而自己後來終想造成一個不受政府支配的學術機關，此
是甚不易做到的事。果然今日自己受到威力壓迫！而杏佛的
語氣似是想用他前年極力摧殘的中華文化教育基金會來替他
搪塞！此真是作法自斃。但政府中人借研究院來報復蔡先生
不合作的態度，更屬可恨。

今日我去看蔡先生，勸他不要輕易放棄，須力爭學術團體的
獨立。然此事殊不容易做。歐洲各大學在中古時皆有特殊保
障，略似一種治外法權，故能不受宗教勢力與政治勢力的壓
迫。此種保障雖不完全有效，然究竟保全不少。其最重要者
為每一學術機關皆有一種『憲章』（Charter），在此憲章頒與
之後，一切憲章範圍以內的事，皆不受外力的干涉。如文化
基金會之章程，即是當日政府頒與的憲章也。此章程的要點
是董事缺額自行選補。此點一破壞，則此會根本失其獨立之
權。今研究院的組織法第一條說『國立中央研究院直隸于國
民政府』；第三條云，『院長一人，特任。』經費來源又每
月由財政部頒給，其中全無一點保障可以使政治勢力不來干
涉。故甚不易爭得獨立的地位。」^{註84}

其中所説「政府中人借研究院來報復蔡先生不合作的態度」一事，係
指蔡元培自1928年8月17日辭去大學院院長後，即避居滬上，遠離南

京，表示消極；現在強令研究院集中於南京，意即逼蔡到「天子腳下」。這時胡適也住在上海，聞訊即去看蔡元培，表示支持。

（二）中研院院長人選問題

1940年3月5日，蔡元培病逝於香港，消息傳來，舉國哀悼！在中研院方面，大家更是感到頓失所倚，這種心情，可由趙元任於3月6日向胡適報告蔡元培病逝消息的信中看出來：

> 「他是代表咱們所stand for 的一切的一切。現在一切的一切還沒有都上軌道，他老人家又死了，真是使人不免憂傷！」[註85]

接著最重要的問題是由誰繼任中研院院長。中研院院長的產生，除首任院長蔡元培係由國民政府特任外，根據「中央研究院評議會條例」第五條評議會職權之一為：「中央研究院院長辭職或出缺時，推舉院長候補人三人，呈請國民政府遴任。」評議會將據此行使第一次推舉院長候補人的職權，不能不格外慎重。

在評議會集會選舉院長候補人之前，各評議員紛紛就可能的人選交換意見。大家所屬意的人有：胡適、翁文灝、朱家驊、王世杰、任鴻雋等。其中爭議最少的是胡適，很多人表示，他是蔡元培最適當的繼承者；但是正在擔任駐美大使，有重責在身，恐不能回國就任。王世杰表示無意於此，翁文灝、任鴻雋則都有問鼎的意思。此外，尚有一位引起爭議最多的人物，便是顧孟餘。

最先提及顧孟餘的是王世杰，他在蔡元培逝世後的第二天──3月7日──的日記云：

「關於中央研究院院長之繼任人選，余與段書貽〔錫朋〕及張岳軍〔群〕言，認顧孟餘為適當，並擬向各方推荐。」^{註86}

並於3月14日展開推荐活動，是日日記云：

「今晨傅孟真〔斯年〕、汪敬齋〔汪敬熙字緝齋，此處筆誤〕來談，謂翁詠霓〔文灝〕極思繼任中央研究院院長職。余告以余不欲當選為候補人，並謂院長席以專任為宜，顧孟餘可供考慮。」^{註87}

經查自3月5日至22、23日評議會開會期間之王世杰日記，他並未與蔣中正見面，其所以推荐顧孟餘，似未奉到最高當局授意，但是顯然他已揣摩到了蔣中正的心意。因為顧孟餘乃汪兆銘的智囊人物之一，二人關係非常密切，是眾所周知的事，汪於1938年12月18日自重慶出走，29日在河內發表通日求和之「豔電」。顧孟餘自抗戰開始即避居香港，並反對發表「豔電」，也未隨汪去南京，^{註88}自為國府所爭取的對象。王世杰在其1939年11月22日日記云：

「今日午後蔣〔中正〕先生作一函致顧孟餘，促其來渝，似欲孟餘加入行政院。」^{註89}

同年12月8日王世杰日記云：

「顧孟餘自港來渝。蔣先生告我欲其留渝，藉以影響外間對汪〔兆銘〕之觀感。」註90

這說明了王世杰對於請顧孟餘到重慶之目的非常清楚，而顧孟餘到了重慶三個月，並未安置他適當的位子，王世杰也是知道的，這時蔡元培忽然病逝，王世杰自然會聯想到做這樣的安排，一定符合最高當局的意思。

直到1940年3月20日，也就是評議會開會的前一天，方有「介公下條子」的說法，引起了一些評議員的反彈，王世杰在日記中記云：

「關于中央研究院院長人選事，陳布雷受蔣先生之託，向翁詠霓等接洽，希望評議會選出顧孟餘。傅孟真大怒，向友人指責，歸過于余。」註91

據翁文灝的說法是：

「中樞當局曾非正式盼望選舉某君〔指顧孟餘〕為院長，惟各評議員以此項選舉應以議員之自身意見為之，不宜有其他意見之影響，當局亦表示可予尊重。」註92

陳源聽到的意見則是「一般對于政治沒有興味的科學家却不願以研究院為酬勛（沒有跟汪也去）的獎品。」註93傅斯年則於8月14日以長函向胡適談論選舉的過程，頗多珍貴史料，茲摘錄數段，以見此事之曲折：

「雪艇〔王世杰〕以顧孟餘之說提出，約我們去商量，我說，我個人覺得孟餘不錯，但除非北大出身或任教者，教界多不識他，恐怕舉不出來。當時我謂緝齋說：『我可以舉他一票，你呢？』他說：『我決不投他票，他只是個politician〔政客〕。』……忽在開會之前兩天，介公〔蔣中正〕下條子，舉顧孟餘出來。此一轉自有不良影響。平情而論，孟餘清風亮節，有可佩之處，……然而如何選出來呢？大難題在此。及介公一下條子，明知將其選出，則三人等于一人，于是我輩友人更不肯，頗為激昂（但仲揆〔李四光〕對此說甚favorable〔贊成〕，且不以下條子為氣，與其平日理想不同。）輾轉傳聞，雪艇疑我是〔說〕他鼓動下條子。我當時說，雪艇決不會做此事，可是有些理想，與布雷等談及，無意中出此枝節，容或有之，要之，亦是為研究院。但雪艇總不釋然。次日晚，翁〔文灝〕、任〔鴻雋〕出名請客，談此事，〔陳〕寅恪發言，大發揮其academic freedom〔學術自由〕說，及院長必須在外國學界有聲望，如學院之外國會員等。其意在公〔胡適〕，至為了然（彼私下並謂，我們總不能單舉幾個蔣先生的秘書，意指翁〔文灝〕、朱〔家驊〕、王〔世杰〕也）。」註94

1940年3月22及23日，評議會正式開會，選出三位院長候補人：翁文灝、朱家驊各24票，胡適20票，由於顧孟餘不在候補人名單之內，因而為胡適帶來很大的困擾，胡適也為當選候補人之一而大生評議員之氣。據王世杰在3月23日日記中透露：

「據張岳軍言，蔣先生因聞中研院評議會堅拒顧孟餘，並擬選胡、翁、朱等，有將適之調回任院長之意。」[註95]

照傅斯年的說法則是：

「選舉次日，雪艇遇到介公，以顧未選出及三人結果陳明，介公笑了一下。次日語孔〔祥熙，時任行政院副院長，院長由蔣委員長兼〕云：『他們既然要適之，就打電給他回來罷。』此真出人意外。大約朱、翁二人，亦皆以此忖旨，派他們設法舉顧出來，而未辦到，偏舉上自己。至于不能兼職，乃純是借口也。……
介公此說一出，于是孔乃立即推荐四人，其人皆不堪，此後我即加入運動先生留在美任之友人中，曾為此事數訪岳軍，並請千萬不得已時，先設法發表一代理人，最好是翁，以便大使改任一事停頓著。」[註96]

胡適當選候補人之一，直接影響到他駐美大使職位。因為自1938年9月17日任命胡適使美後，國內政壇就經常傳出反對的聲浪，而駐美大使易人之說，也時有所聞，幸有王世杰在中樞力予維護，方能化解；[註97]現在為了中研院院長問題，再度使其駐美大使的職位發生動搖，難怪他要生氣。

1940年6月2日，胡適在他的日記中表示了對中研院職位的看法：

「以私人論，中研院長當然是我國學者最大的尊榮；但為國事計，我實不想在此時拋了駐美的使事。」[註98]

並於6月22日回夫人江冬秀的信上說：

「你談起中央研究院的事，此事外間有許多傳說，我無法過問，也無法推辭，我並不想做院長，但我此時若聲明不幹，那就好像我捨不得現在的官了。所以我此時一切不過問。」[註99]

繼又於7月22日日記寫下致王世杰函要點：

「今天發憤寫航空信給王雪艇，說我若不做大使，決不就中央研究院院長。因(1)我捨不得北大，要回去教書。(2)詠霓〔翁文灝〕或朱騮先〔家驊〕都比我更適宜。(3)我要保存（或恢復）我自由獨立說話之權，故不願做大官。(4)大使是『戰時徵調，我不敢辭避。』中研院長一類的官不是『戰時徵調』可比。」[註100]

王世杰於7月27日電告胡適：

「外傳調兄返國，均由中央研究院問題引起，政府覺美使職務重於中研院，迄無調兄返國決定。」[註101]

至8月5日，王世杰收到胡適7月22日的信，即「分送布雷、詠霓看過，並已送請介公閱過。介公閱後，囑弟否認外電所傳。」[註102]並於8月8日再「向蔣先生面言，在此時期，大使不宜更動，蔣先生亦以為然。」[註103]調胡適回國之議，擾攘了四個半月，至此才暫時再度取消。為了中研院院長候補人，而惹出這樣大的麻煩，當非投票的評議員們始料所能及。

再回頭檢討一下，評議員們明知道胡適不能回國接任院長，也不願影響到他的駐美大使職務，為什麼還要投他票呢？在傅斯年給胡適的信中有詳細的描述：

> 「在昆明時，我曾與枚蓀〔周炳琳〕談過一下。我說：『你想，把適之先生選出一票來，如何？』他說：『適之先生最適宜，但能回來麼？』我說：『他此時決不能回來，此票成廢票。』他說：『這個demonstration〔表演〕是不可少的。』我又說：『那麼，選舉出他一個來，有無妨害其在美之事？』他說：『政府決不至此，且有翁、朱、王等在內，自然輪不到他。』……
>
> 舉先生者之心理，蓋大多數以為只是投一廢票，作一個demonstration，從未料到政府要圈您也。我輩友人，以為蔡先生之繼承者，當然是我公，又以為從學院之身份上說，舉先生最適宜，無非表示表示學界之正氣、理想、不屈等義，從未想到政府會捨翁、朱而選您。我初到渝時，曾經與雪艇、書貽談過舉你一票事，他們都說：『要把孟餘選出，適

之也必須選出，給他們看看。』……

然我們如此想者，亦是為國家，在先生則似不應當生到選舉人的氣。其後一想，『學院的自由』，『民主的主義』，在中國只是夢話，但是把先生拉入先生的主義中，卻生如許枝節，亦是一大irony〔嘲弄〕！……

總之，我們願先生留在美任，乃為國家著想，而其選舉乃純是為的『學院主義』、『民主主義』，鬧到此地步，真是哭不得笑不得耳。」註104

這些學者，堅持他們的理想、制度、和學院的自由，不惜「忤旨」以拒選顧孟餘為院長候補人之一，看似天真或意氣用事，實則係以非常嚴肅之態度，為使學術不受政治干擾樹立了一個良好的例子，同時也為中研院帶來了很大的困擾：因為由於最高當局對選舉的結果不滿，乃擱置該案遲遲不加圈選。當時的總幹事任鴻雋，實際上並非代理院長，等於無人主持院務，各研究所散處各地，又為躲避戰火在不斷播遷，經費至感困難。又因預算關係，不能長期沒有院長，嗣經熱心院務人士向政府建議，並向國防最高委員會請願，才於1940年9月18日，特派朱家驊為代理院長。註105虛懸長達半年之久的院長問題，方告塵埃落定。而朱家驊自9月20就職，到1957年10月辭職，主持院務達十八年之久，則始終為代理院長，並未真除。最高當局對此事之耿耿於懷，不難想見；也使得朱家驊在代理期間，做得格外辛苦。各評議員為維護學術獨立之尊嚴，竟衍生出這麼多枝節；可是被杯葛的當事人顧孟餘，對於政府所安排之職位，卻淡然處之，並不十分熱衷。註106

直到1941年8月，才接任中央大學校長。

根據有關資料顯示，中研院院長人選，除蔡元培和王世杰外，似乎都曾受到行政最高當局的關切：如1957年10月，朱家驊因健康不佳而辭職，據王世杰的說法：「係蔣〔中正〕先生所要求」。註107 1957年11月3日，評議會選舉院長候補人，選舉前夕，評議員在臺北自由之家非正式聚會，總統府秘書長張群約評議會秘書楊樹人到總統府面談，透露希望胡適當選為候補人之一。楊樹人到達自由之家後，婉轉說明與張群談話內容，評議員梅貽琦即說：

> 「胡先生如能當選，自會選出，我們並不奉他人的意見而選舉。」註108

結果胡適以最高票進入候補人名單，並被圈選為院長。1962年2月胡適病逝，王世杰於5月繼任院長。王世杰於1968年4月及11月兩度請辭，直到1970年4月11日始獲同意。他在這一天的日記中記云：

> 「今日張岳軍〔群〕來余寓，謂總統同意我辭職，並擬以錢思亮校長繼余之職。」註109

在准許王世杰辭職之同時，就已安排好了繼任人選，評議會於1970年5月2日集會選舉院長候補人，結果錢思亮以最高票當選為候補人之一，並被遴選為院長。1983年9月，錢思亮在任病逝，吳大猷於10月繼任院長，其運作過程並無不同。由於胡適、錢思亮、吳大猷三人，

除符合學術界的願望外，也沒有違背最高當局的旨意，所以未再發生不快之事。

五、民權保障同盟——一段被曲解的經歷

1932年12月17日，蔡元培與宋慶齡、楊銓、林語堂等，在上海發起組織之中國民權保障同盟，正式宣告成立，宋為主席，蔡為副主席，楊為總幹事。不久，胡適也加入同盟，並被推為北平分會主席；惟不到兩個月，即告脫離。在蔡、胡這段共同的經歷中，中共給予蔡很高的評價，對胡則極盡侮辱、諷刺之能事。惟其褒貶，則與事實真相不盡相符。茲討論如下。

（一）胡適的加盟與退出

1933年1月6日，胡適自北平抵滬，出席中華教育文化基金會董事會第七次董事常會。9日，中國民權保障同盟通知胡適，執委會已通過他為會員。註110胡於11日返回北平後，曾對記者談其加入同盟的經過云：

> 「本人於新年赴滬時，曾有人介紹加入，本人對此甚為贊成，蓋近年以來人民被非法逮捕，言論、出版之被查禁，殊為司空見慣，似此實與民國約法之規定相背。民權保障同盟之目的在於根據約法明文，保護民權之免遭非法蹂躪。」註111

究竟是誰介紹胡適加入民權同盟的，此處雖未說明，據推測極可能就是蔡元培，因為在執委會的主要負責人中，惟一可使胡適崇敬而心悅誠服的只有蔡元培一人。

　　1月30日，北平分會成立，胡適當選為執行委員，並於2月1日被推為北平分會主席。[註112]在北平分會成立的翌日——1月31日，胡適即展開工作，他與楊銓、成平（舍我）同去視察北平各監獄政治犯，以便設法援助救濟。[註113]胡適曾與一名犯人用英語交談甚久，並未言及私刑拷打情事。[註114]可是，一個以北平軍人反省分院政治犯的名義，在1月10日寄給同盟會的控訴書中，敘述被捕後備受各種酷刑。史沫特萊（Agens Smedley）於1月25日將控訴書提交執行委員會討論。2月1日，宋慶齡交報館發表，並由史沫特萊寄給胡適，囑北平分會立即向北平當局提出嚴重抗議，要求「立即無條件的釋放一切政治犯」。[註115]

　　2月4日，胡適收到了史沫特萊寄來的信及控訴書，即致函蔡元培、林語堂，認為此項文件，「乃是一種匿名文件」，又說：

> 「不經執行委員會慎重考慮決定，遽由一、二人私意發表，是總社自毀其信用，並使我們親到監獄調查者，蒙攜出或捏造此種文件的嫌疑，以後調查監獄就不易下手了。」[註116]

此信尚未發，胡適又於2月5日晨看到英文《燕京報》登出宋慶齡的信和控訴書，並於下午收到《世界日報》社送給他一封類似的文件，寄信人捏稱住在胡適家，並說是由胡適交寄的。於是再致函蔡元培、林語堂，請他們徹查控訴書的來源、以及全國執行委員會是否曾開會決

議此種文件翻譯與刊布。他在信中說：

> 「如果一、二私人可以擅用本會最高機關的名義，發表不負
> 責任的匿名稿件，那麼，我們北平的幾個朋友，是決定不能
> 參加這種團體的。」註117

這兩封致蔡、林的信，先送給北平分會執行委員成舍我、李濟、陳博
生看過後，再以快郵寄出。說明成、李、陳三人，應當是同意了胡適
信中的意見，特別是最後兩句共進退的話。註118這兩句話的詞意是相當
堅決的，足以證明：胡適在被同盟開除之前，便已經有決定自動脫離
的意思了。林語堂接到這兩封信後，先於2月9日以私人身份答復云：

> 「得來札，知道北平監獄調查報告出於捏造，此報告係由史
> 沫特烈交來，確曾由臨時執行委員開會傳觀，同人相信女士
> 之人格，絕不疑其有意捏造，故使發表。不幸事實如先生來
> 函所云。接信後，蔡、楊及弟皆認為事情極其嚴重，須徹查
> 來源，……以弟觀察，現此臨時組織極不妥當，非根本解決
> 不可。此事尤非破除情面為同盟本身之利益謀一適當辦法不
> 可。……（你來函態度之堅決，使我們更容易說話。）
> 本會現此情形，諒你由份子之結合可推想得到。」註119

「捏造」之說，至是已得到了初步證實。2月10日，楊銓致函胡適，
謂見到《大陸報》所載控訴書「亦甚詫異」，認為「以後發表文件自

當慎重」，並説為了「奔走此會，吃力不討好，尤為所謂極左者所不滿。」[註120]林、楊二人信中，都透露出同盟總會內部複雜之一斑。

2月13日，蔡元培、林語堂在執行委員會開會討論後，再代表該會致胡適解釋云：

> 「此文若不宜由本會發表，其過失當由本會全體職員負責，
> 決非一二人之過，亦決非一、二人擅用本會名義之結果
> 也。」[註121]

全係一派官腔，明顯的在為宋慶齡、史沫特萊開脫，與2月9日林語堂以私人身份答復之內容，兩相比較，自可看出其迥然不同之處。

2月22日《字林西報》，又刊出訪問胡適的談話，謂「改良不能以虛構事實為依據」，民權同盟處理政治犯待遇問題，應以下幾項原則為指導：

> 「1. 逮捕政治嫌疑犯必須有充分確切的證據。誣告應予依法
>   治罪。
> 2. 政治嫌疑犯被捕後，應遵照約法第八條規定，於二十四
>   小時內移送該管法院。
> 3. 應由法院起訴的政治犯，必須進行公平和公開的審訊；
>   不需起訴的應立即釋放。
> 4. 拘留和關押的犯人，應予以合理的人道待遇。」

最後，胡適特別指出：

> 「民權同盟不應當提出不加區別地釋放一切政治犯，免予法
> 律制裁的要求，如某些團體所提出的那樣。一個政府為了
> 保護它自己，應該允許它有權去對付那些威脅它本身生存
> 的行為，但政治嫌疑犯必須同其他罪犯一樣，按照法律處
> 理。」註122

這些話自然觸怒了同盟的執委會，即於當天開會討論，據楊銓於2月
23日致胡適函云：

> 「《字林西報》載兄談話，對會中發表監犯書指為偽造及反
> 對會中主張釋放政治犯，執委會特開會討論，極以如此對外
> 公開反對會章，批評會務，必為反對者張目，且開會員不經
> 會議，各自立異之例，均甚焦灼，已由會電詢談話真相，甚
> 望有以解釋。」註123

同盟於2月22日密電胡適云：

> 「本日滬《字林西報》載先生談話，反對本會主張釋放政治犯，
> 并提議四原則，與本會宣言目的第一項〔為國內政治犯之釋放與非
> 法拘禁、酷刑及殺戮之廢除而奮鬥。本同盟願首先致力于大多數無名與
> 不為社會注意之獄囚；〕完全違背，是否尊意？請即電復。」註124

胡適未置答。2月28日，宋慶齡、蔡元培再聯名致電胡適云：

> 「養〔22日〕電未得尊復。釋放政治犯，會章萬難變更。會員
> 在報章攻擊同盟，尤背組織常規，請公開更正，否則惟有自
> 由出會，以全會章，盼即電復。」[註125]

胡適仍不置答。3月3日，中央執委會議決開除其會籍。[註126]

（二）開除胡適會籍的原因

1. 控訴書真偽之辯

在開除的過程中，最令總會心虛、同時也是胡適最振振有詞
的，即控訴書的捏造問題。胡適堅決主張「改良不能以虛構事實為依
據」，而控訴書中所指控的，正是他剛去視察過的地方，親眼目睹的
情形，並不是那麼樣；再據《字林西報》記者報導，胡適給他看了另
外兩件控訴書，據稱都是政治犯自己寫的，兩件不僅內容相同，連筆
蹟也一樣，其中一件，是一個捏稱住在胡家的人，說是胡適要交給報
紙發表的。[註127]在這種情形下，難怪胡適要認定是出於偽造的了。

我們知道，胡適深受西方近代文化的影響，服膺赫胥黎（Thomas
Henry Huxley）的存疑主義和杜威（John Dewey）的實驗主義，他不相信
一切沒有充分證據的事物。他講求科學方法，認為「有證據的知識，方
是真正的知識。」他這種信念，並不會因人而異。例如1922年10月23
日，北大「講義風潮」甫告平息，蔡元培於是日晚間假六味齋宴請為此
事辭職的教職員，胡適應邀作陪，他在當天日記中所記席間之談話云：

「他們總相信此次風潮有外人煽動：有疑楊度的，有疑高師
或法專的。我最反對這種『疑心生暗鬼』的話。今晚席上，
他們又談及此話，我問：『你們有什麼證據？』蔡先生說：
『有人報告，當日（19日）操場分隊表決時，反對挽留校長
的一派只有七八十人，其中多有大家不認得的人，有認得其
中有高師學生的。又開會時，有學生褲腿上有長線的；有人
問他在那一系，那人竟不知什麼叫做『系』。除非這種報告
不可靠，我們就不得不起疑心了。』我說：第一要問報告的
人是否可靠。第二，學生不認得本校同學，是平常的事；昨
日馮省三在我家，而學生幹事會代表汪翰等竟不認得他，第
三，褲腿上有線，那也許是窮學生穿著中學時代的制服。總
之，這種證據是不充分的，我們不當輕信這種謠言，以自寬
解。」註128

雖然他對蔡元培一向尊敬備至，可是在蔡元培說出他認為證據不充分
的話時，仍然不客氣的予以反駁，這是因為平日所受訓練的關係。因
此，我們應當相信，胡適指斥史沫特萊所提供的「控訴書」係偽造的
匿名文件，也是基於同樣的理由，並不是陳漱渝在1984年所說的要
藉此「興風作浪，進行……骯髒的叛盟活動。」註129六年後，陳漱渝在
〈同途殊歸兩巨人：胡適與魯迅〉註130一文中，已修改了他的態度及語
氣，承認「胡適在視察『北平軍人反省分院』時，的確沒有發現嚴刑
拷打的證據。」同時指出：

「魯迅對胡適用英語跟犯人進行交談這一事實表示懷疑是沒有根據的，但胡適不把他掌握的單一的、個別的事實跟一般的、普遍的現象聯繫起來考察，同樣會產生把特例絕對化的片面性。」

陳漱渝認為出現這種「特例」的原因有兩點：第一，這次視察事先經張學良特許，由其外事秘書王卓然作陪，是一次事前經過準備的視察，而不是一次突擊性檢查。第二，用英語跟胡適交談的犯人是尚未暴露共產黨員身份的劉尊棋，劉曾以「北平軍人反省分院政治犯」的名義給宋慶齡寫過兩封英文信，揭露政治犯的黑暗生活，所以宋委託楊銓專程進行這次調查。關於第一點，胡適在當時即曾公開辯解云：

「同盟于一月三十日方才成立，組織一個委員會視察監獄一事是當天晚上七時才作出決定的。楊銓先生隨即于當夜十一時去見了少帥〔張學良〕，獲得允許于次日視察監獄。因此，這次視察一如這一類視察所希望的那樣，是一次出其不意的視察。」註131

只是陳漱渝不予採信。至於第二點，證明劉尊棋在獄中以英語和胡適所談的內容，與給宋慶齡「控訴書」中所敘述的，顯然有很大的出入；合理的解釋應該是：胡適在監獄現場，劉尊棋不能說一些與事實太離譜的話，可是在給宋慶齡的信中，為求取獲釋，自不免有些誇大

之處，是很自然的事。就胡適的個性及所受的訓練來説，他當然相信自己親見親聞的事實。雖然陳漱渝仍舊指責「他尊重的事實是單一的、特殊的真實，而不是普通的、本質的真實。」畢竟已還給胡適一點公道了[註132]

2. 胡適對楊、史之不滿

在「同盟」的主要負責人中，胡適與楊銓認識最早，1908～1909年新中國公學時期，楊是胡英文班的學生，到美國康乃耳大學留學時，兩人又成了同學。關係應當非常密切。可是胡對楊並無好感，原因之一是他認為楊為蔡元培製造了不少麻煩，最後由蔡代為受過。1933年6月，胡適取道上海搭輪船出國，在16日日記中記云：

> 「杏佛來；……為了民權保障同盟事，我更看不起他，因為他太愛説謊、太不擇手段。我曾於三月四日〔胡適被同盟開除之翌日〕寫信給蔡先生説，『我所耿耿不能放心者，先生被這班妄人所包圍，將來真不知如何得了呵！』」[註133]

他所指的「這班妄人」，楊銓是其中最重要的一位。6月18日早上，楊即遇刺身亡，胡適於當晚自滬出國，他驚聞遇刺消息後，在這一天的日記中記云：

> 「此事殊可怪。杏佛一生結怨甚多，然何至于此！兇手至自殺，其非私仇可想。豈民權同盟的工作招搖太甚，未能救人而先招殺身之禍耶？似未必如此？……

我常說杏佛一生吃虧在他的麻子上，養成了一種「麻子心理」，多疑而好炫，睚眥必報，以摧殘別人為快意，以出風頭為作事，必至於無一個朋友而終不自覺悟，我早料他必至於遭禍，但不料他死的如此之早而慘。」[註134]

照此說來，楊銓為「同盟」之總幹事，胡適自難與他和睦相處。至於與「開除會籍」有關的史沫特萊，胡適也早就與之相熟，並且印象極壞，在其1930年8月17日日記中有如下的一段話：

「在船上同伍連德先生和幾位外國人談天。船上有舊報紙，中有轉載Miss Agens Smedley 在美國報上記載「Poets of the Chinese Revolution」一文，其中多可笑的話，如說〔陳〕獨秀是「創造社」健將，直是瞎說。此人成見極深，我和〔徐〕志摩都同她相熟，她極贊成蘇俄，又極贊成印度的民族運動。她處處為蘇俄辯護，又處處為印度文化辯護，故和我們不合，在文字上說『新月』是一個酒肉團體，而共產黨的「普羅作家」乃是真革命者。」[註135]

像這樣一個成見極深、而對中國事務又缺乏深入了解的人，雖不是同盟的正式領導成員，卻如陳漱渝所說「在同盟臨時全國執行委員會中發揮著重要作用，占有特殊的地位。」[註136]其不能客觀、公正的處理事務，似乎也是應有之義的了。

3. 對民權保障認知的差距

　　北平分會的部分會員，為了主席胡適被開除會籍事，不免心滋疑惑與不滿，乃於3月13日，由馬裕藻、蔣夢麟、任鴻雋、陳博生、成舍我等五人，聯名函請全國執行委員會解釋五個疑問，以決定彼等將來對於該同盟之進退。其五項疑問，多為該同盟第一次宣言中所標舉之反對「非法」「為法律援助」等語句，含意不很清楚等，最後一項則為：

> 「本同盟會員，既為不拘國籍、性別及政治信仰，當然為一種自由結合，與以鐵的紀律拘束會員之政黨，顯然不同。則會員在外，是否尚能以個人名義發表意見？會員個人之言論自由，是否應因入會保障他人民權，而先自犧牲？」

他們認為「倘此種重大問題，不先解決，則以後本同盟自身，即難免不自陷於糾紛與矛盾之苦境。」[註137]這是一封令全國執行委員會非常頭痛的信，經提交3月22日舉行之臨時全國執行委員會詳加討論後，方於23日勉強作答。關於所詢最後一項的答覆云：

> 「本同盟並非政黨，其目的與立場詳載於第一次宣言。會員在會外當然有言論自由，當然可以個人名義發表意見。惟關於批評本同盟基本主張及指摘本同盟對外宣言內容之言論及意見，應先向本同盟分會或全國執委會建議，以達修改會章的目的。如個人意見與本同盟主張根本不能相容，盡可於請

求出會之後再公開發表個人主張。蓋按照任何結社常規，會員既在入會志願書簽字情願遵守會章，則在未正式出會以前，自應負遵守會章之義務。來書所云會員個人之言論自由，當然不指會員可以自由任意修改會章也。」註138

要求會員遵守會章，而身為國民者卻可以不尊重國家的法律；會員不可自由修改會章，而國民可以對國家之法律及制度作否認與廢止之奮鬥。一方面在章程中明定「協助為結社集會自由、言論自由、出版自由諸民權努力之一切奮鬥。」，註139另一方面卻限制自己會員的言論自由。這樣的解釋，似乎難以自圓其說。再者，宋慶齡、蔡元培皆為國民黨黨員，可以公開的嚴詞指責國民黨以及由國民黨執政的國民政府，自身並未先退出國民黨；為何對胡適，卻採用不同的標準？宋慶齡並在開除了胡適後，說：「本同盟清除了這樣一個『朋友』實在是應該慶賀的」。註140相較之下，這種雙重標準，自然難以令人信服！不過，就一向寬以待人、嚴以律己的蔡元培來說，對開除胡適會籍一事，似非他所真正贊成的。

至於蔡、胡對保障民權的基本態度為何，茲在此稍加說明。

蔡元培一生致力於民權保障的具體事蹟甚多，高平叔在〈蔡元培與民權保障同盟〉註141一文中，敘述十分詳盡，可供參考。最重要的一點，就是他崇尚法治，例如1927年國民黨清黨時，他要求浙江省的清黨委員說：

「我們不能隨便殺人！……此後必須謹慎！必須做到三件

事：第一、抓人，必須事先調查清楚，始可逮捕；第二、定罪，必須審問清楚，證據明白，才可判決；第三、殺人，必須其人罪大惡極，提出清黨委員會，經會議決定，始克執行。」註142

又如1927年12月5日，蔡元培在與譚延闓、李烈鈞以國民政府常務委員聯名發表的〈對南京慘案宣言〉中，關於懲辦肇事者的辦法是：

「這些人的罪，……犯了軍法上刑法上殺人傷人的罪，當然要懲辦的。但這是法律的關係，必要調查真相，查其實據，然後可以斷定某人有何等罪名，應怎樣懲罰。現在已飭由軍事委員會、司法部分別轉飭查拿究辦，并決定要組織特別法庭來辦裡，將來必有公平的辦法。」註143

這兩個例子，已充分說明他是尊重法治的。至於胡適，曾於1929年5月6日撰有〈人權與約法〉註144一文，痛論人民沒有法律的保障，不能享受應得的自由，呼籲「快快制定約法以確定法治基礎！快快制定約法以保障人權！」發表後，惹來不少麻煩，政府也對他十分不滿，而蔡元培則認為該文是「振瞶發聾，不勝佩服！」註145

在北平分會成立會上，胡適說明：「我們成立此會目的有三：一，幫助個人；二，監督政府；三，彼此了解法律習慣的應用。」註146這是他參加民權保障的基本態度。不久，他又在〈民權的保障〉一文中，特別引申云：

「中國的民權保障運動必須要建築在法律的基礎之上，一面要監督政府尊重法律，一面要訓練我們自己運用法律來保障我們和別人的法定權利。」

同時也斥責了那些「把民權保障的問題完全看作政治的問題，而不肯看作法律的問題。這是錯的。」他認為：「只有站在法律的立場上來謀民權的保障，才可以把政治引上法治的路。只有法治是永久而普遍的民權保障。」註147這與同盟總會的論調截然相反，和蔡元培的主張卻是相同的。胡適雖於1933年3月被同盟開除，在11月27日所撰的〈福建的大變局〉文中，仍在闡述其立場云：

「『保障人權』又何嘗不是我們平日主張的？……『人權』固然應該保障，但不可掮著『人權』的招牌來做危害國家的行動。」註148

將一些基本主張不同的人，納入在一個組織裡，注定要分手的。於此，對其不能長期和同盟合作，也就可以理解了。

（三）蔡元培的「逐漸擺脫」

胡適在其1933年3月4日的日記中，於粘貼登載他被開除會籍的剪報後記云：

「此事很可笑。此種人自有作
用，我們當初加入，本是自
取其辱。子民先生夾在裡面胡
混，更好笑。」註149

這時，胡適顯然還不清楚蔡元培的真
正態度，即致函蔡元培，表明對民權
同盟，「不願多唱戲給世人笑」，且
亦「不願把此種小事放在心上」，註150
只是「所耿耿不能放心者，先生被這
班妄人所包圍，將來真不知如何得了
呵！」註151 蔡元培於3月17日答復胡
適云：

> 「奉四日惠書，……君子見其
> 遠者大者，甚佩甚感。弟與
> 語堂亦已覺悟此團體之不足有
> 為，但驟告脫離，亦成笑柄；
> 當逐漸擺脫耳，承關愛，感何
> 可言！」

胡適接到此信，「讀之甚慰」。註152心
中疑慮盡釋。這是一封非常重要、而且

1933年3月17日蔡元培覆胡適函。

具有關鍵性的信，雖寥寥數語，卻是一項充分的證據，可以據以改正過去若干不實的説法，如耿雲志在〈蔡元培與胡適〉一文中云：

> 「蔡元培儘管與胡適私交甚好，但在這一重大原則問題上，他堅持同盟總部的立場，與宋慶齡一道，請胡適「自由出會」。這件事是胡適與蔡元培發生尖鋭分歧的唯一的一次。」[註153]

現在由於這封信的出現，我們有充分的理由相信：蔡元培和林語堂當時的確是「已覺悟此團體之不足有為」，惟礙於在同盟中發起人暨副主席的地位，「驟告脫離，亦成笑柄」，不得不「逐漸擺脫耳」。他和胡適並沒有為這件事發生尖鋭分歧。只是這封信，胡適僅在其日記中表示「讀之甚慰」，沒有公諸於世；其可能的原因，是維護蔡在同盟的形象，而甘願自己蒙受同盟的抨擊，可以説是宅心仁厚的做法。

再從林語堂於2月9日以私函答覆胡適所説：「以弟觀察，現此臨時組織極不妥當，……諒你由分子之結合可推想得到」[註154]的話，證明林與蔡的看法也是相同的，而林於32年之後為文回憶參加民權同盟之經過云：

> 「這時有所謂民權大同盟，真是莫名其妙。那時開會列席，無非是蔡先生、楊杏佛、魯迅、宋慶齡，及共產小姐Agnes Smedley與我數人而已。你想保障人權，蔡先生那有不贊成？我那有不贊成？其實我們蒙在鼓裡，給人家利用。後來牛蘭

事件發生，共產小姐及宋慶齡僕僕長途坐火車到南京去極力營救，我才恍然大悟。活到老，學到老。人權保障，完全不是那麼回事。」註155

由這段追憶的文字中，證明林語堂前後的基本看法是一致的。而陳漱渝則說這一番話是「對他一度參加同盟活動的無恥懺悔」，註156不承認蔡、林是「給人家利用」的。可是他又說：「被投進牢獄、遭受酷刑、死于虐殺的政治犯則主要是共產黨人和廣大革命群眾。」註157這些正是同盟所營救的主要對象，並說：「還必須指出，中國民權保障同盟雖然不是一個政黨，但是，它的活動卻是在中國共產黨的直接影響下進行的。」註158此外，還有很多資料也說明了這一點，註159似乎都在無意中為林語堂一文作了旁證，陳漱渝的結論是「我們不能把他〔指林語堂〕的政治態度跟蔡元培的態度混為一談」。註160如今，由於蔡元培3月17日致胡適函的出現，蔡、林兩人的政治態度，至少在這一件事上是可以「混為一談」的；而陳漱渝維護蔡元培、大罵胡適、林語堂的觀點，也有重新考慮的必要了。

再據陳漱渝的說法，3月18日下午，「同盟在上海八仙橋青年會九樓舉行全體會員大會，再次聲討了胡適的違反會章行為，追認了執委會關於開除其會籍的決議。」註161這次會議，係由蔡元培、林語堂兩人具名召集的，註162但開會時，主席陳彬龢報告云：「蔡元培先生因病，林語堂先生因事，均未能出席。」註163，兩人具名召集而皆託故不到會，其中必有蹊蹺，由於蔡於開會前一日（17日）致胡適函中「弟與語堂亦覺悟此團體之不足有為，……當逐漸擺脫」的話推斷，其因

病、因事恐非真正原因，應係不願參加聲討胡適的行列，並且開始實行「逐漸擺脫」的諾言了。

　　同年6月，胡適途經南京（13～14日）、取道上海，於18日深夜登輪出國。他在16日日記中云：「我在南京時，聽孟真〔傅斯年〕說起蔡先生已退出民權同盟」，而是日下午到中央研究院，「見蔡先生時，他不提及同盟事，我也不談。」註164彼此心照不宣。6月21日報載：「據蔡元培氏談：渠對民權會之副會長事，早已辭職。」註165至今尚未發現其辭去副會長之確實日期及證據；但自3月17日起，即已決定退出，似已不容置疑的了。事實上，至6月18日楊銓遇刺身亡，整個同盟的活動，也就無形終止。

六、結語

　　蔡元培的一生，譽多毀少；尤其自1949年政府遷臺後，能為兩岸同時尊崇者，他是極少數人之一。胡適則是名滿天下，謗亦隨之，可以說是毀譽參半。大陸上曾大規模開展「胡適思想批判」運動，近年來已由「批判」轉變為「研究」了。就國民政府方面來看，對蔡、胡二人，似屬尊而不親。另從某種意義而言，則均是防範有加。

　　蔡元培素有知人之明，趙家銘在〈蔡元培與胡適〉一文中說：「蔡元培在胡適還沒有上講堂以前，就具有卓見來欣賞胡適的卓見，然後加以援引和推服，進而使一個年輕的思想家不被埋沒。」註166而胡適對於這段知遇之恩，則是刻骨銘心，終生念念不忘。

　　由於胡適到北大後，盡心盡力翊贊校務，有卓越的表現，漸為蔡

元培所倚重。因此，在蔡元培創設大學院及中央研究院時，仍挽胡相助；而胡也盡到了排難解紛、分憂分勞的職責。

大學院和中央研究院的創立，是蔡元培和張人傑、吳敬恆、李煜瀛等四老憑藉其本身在政治上的力量而促成的；旋因四老發生分裂，大學院也就此結束。政治力量的干預，是不可避免的；有時它可以是一種助力，有時則可能是一種災難，相當複雜。註167

蔡和胡之參與民權保障同盟，無非是想藉自己在社會上之聲望以及學界之崇高地位，來推動政府走上民主法治之途；可是，在當時「以黨治國」的大環境下，很難達到他們的理想；而究其實際，似不免有些為中共所利用。胡適退盟於先，楊銓被刺於後，遂無形瓦解。一般的記載，都說蔡、胡為退盟事發生歧見，並影響了兩人的關係；而國、共雙方對兩人的褒貶，也截然相反。事實上是被曲解了，我們不僅找不到兩人因此而疏遠的證據，卻發現胡適對蔡元培更加尊敬的記載，如1934年9月9日，胡適在《獨立評論》117號發表的〈寫在孔子誕辰紀念之後〉一文中，在全國人物中，舉出了九人為「新聖賢」，蔡就是其中之一。又於1935年7月26日致羅隆基函中，盛讚蔡元培是真正能做領袖的人。註168同年9月9日，並發起為蔡元培獻屋祝壽。註169直到1940年3月5日，蔡元培病逝於香港，胡適於3月6日獲得消息，他在日記中記云：

> 「與周鯁生兄談，同嗟嘆蔡公是真能做領袖的。他自己學問上的成績，思想上的地位，都不算高，但他能充分用人，他用的人的成績，都可算是他的成績。」註170

這應該是最令胡適服膺的一點，可見他們兩人的交誼，歷久彌篤，至死不渝。

1993年9月於南港　2007年6月9日修訂

（原載：《郭廷以先生九秩誕辰紀念論文集》上冊，頁1～51，
　　　　中央研究院近代史研究所，1995年2月出版。）

【注釋】

註1：羅家倫：《逝者如斯集》（臺北，傳記文學出版社，1967年9月），頁80。

註2：《傳記文學》，第12卷，第1期（1968年1月），頁13-18。

註3：該文係於1988年5月4～7日在蔡元培研究會所舉辦的蔡元培誕辰120周年紀念學術討論會中宣讀，收在該討論會文集《論蔡元培》（北京，旅游教育出版社，1989年4月，一版），頁396-416。

註4：初發表於1988年《南京大學學報》，頁28-34；1990年10月又加修訂，收在所著《胡適與中國名人》（南京，江蘇教育出版社，1993年5月，一版），頁185-203，改題目為〈同聲相應共仰慕——胡適銘心不忘蔡元培〉。

註5：唐德剛譯註：《胡適口述自傳》（臺北，傳記文學出版社，1983年1月1日，再版），頁165-166。

註6：周天度：〈蔡元培和陳獨秀〉，蔡元培研究會編：《論蔡元培》，頁426～427。

註7：耿雲志：《胡適年譜》（成都，四川人民出版社，1989年12月，第一版），頁55。

註8：中國社會科學院近代史研究所中華民國史組編：《胡適來往書信選》（北京，中華書局，1979年出版），上冊，頁6。胡適生前曾告訴胡頌平：蔡元培看到他十九歲時寫的〈詩三百篇言字解〉一文後，便要聘他到北大教書。黃艾仁認為「未免有言過其失〔實〕之嫌，可能是記錯了。」（見黃艾仁著《胡適與中國名人》，頁185-186。）

註9：耿雲志：《胡適年譜》，頁58、60。

註10：楊天石：〈錢玄同與胡適〉，李又寧編：《胡適與他的朋友》，第一集（紐約，天外出版社，1990年12月印行），頁157。

註11：《胡適來往書信選》，上冊，頁6。

註12：〈劉文典致胡適〉，《胡適來往書信選》，下冊，頁466。

註13：1918年9月造《國立北京大學職員履歷表》，附在陳初輯：《京師譯學

館校友錄》（臺北，文海出版社影印本。）

註14：胡適：〈中國古代哲學史臺北版自記〉，《中國古代哲學史》（臺北，遠流出版公司，1986年5月31日，一版），頁4～5。

註15：石原皋：《閑話胡適》（安徽人民出版社，1984年出版），頁106。胡適當時默認不諱，直到晚年才否認是「三胡」的子孫。

註16：蔡元培：1919年3月18日〈致《公言報》函并答林琴南函〉，高平叔編：《蔡元培全集》，第三卷（北京，中華書局，1984年9月，第一版），頁271。

註17：蔡元培：〈我在北京大學的經歷〉，高平叔編：《蔡元培全集》，第6卷（北京，中華書局，1988年8月，第一版），頁350～351。

註18：蔡元培：〈我在教育界的經驗〉，高平叔編：《蔡元培全集》，第7卷（北京，中華書局，1989年7月，第一版），頁199。

註19：黃艾仁著：《胡適與中國名人》，頁19１。

註20：《胡適的日記》，手稿本，第2冊。

註21：《胡適的日記》，手稿本，第2冊。

註22：《胡適的日記》，手稿本，第3冊。1922年10月18日至25日日記。

註23：直到1930年9月24日，才被批准辭去北大校長名義。

註24：蔡元培：〈向大總統辭北大校長職呈〉，高平叔編：《蔡元培全集》，第4卷（北京，中華書局，1984年9月，第一版），頁309。

註25：胡適：〈我的年譜〉（1923年），見《胡適的日記》，手稿本，第5冊。

註26：《努力週報》，第38期，1923年1月21日出版。

註27：《努力週報》，第39期，1923年1月28日出版。

註28：《努力週報》，第39期，1923年1月28日出版。

註29：《嚮導週報》，第17期（1923年1月24日出版），頁134～135。

註30：《努力週報》，第40期，1923年2月4日出版。

註31：胡適：〈我的年譜〉（1923年）。

註32：胡適：〈我的年譜〉（1923年）。

註33： 胡適：〈我的年譜〉（1923年）。

註34： 《胡適來往書信選》，上冊，頁393～394。

註35： 參見梁柱著：《蔡元培與北京大學》（寧夏人民出版社，1983年4月出版），頁223～224。

註36： 《胡適的日記》，手稿本，第10冊。

註37： 《胡適的日記》，手稿本，第4冊，1923年5月24日日記。

註38： 《大學院公報》，第一年，第一期（1928年1月初版），頁155、166。

註39： 《大學院公報》，第一年，第四期（1928年4月出版），頁99。據胡適1928年5月19日日記云：「蔡先生拉我細談，問我肯不肯到廣州中山大學去做副校長。騮先〔朱家驊〕現任浙江民政長，季陶〔戴傳賢〕又任廣州政治分會事，故他要我去。我謝絕不能去。」《胡適的日記》，手稿本，第7冊。

註40： 《大學院公報》，第一年，第一期，頁66。

註41： 《大學院公報》，第一年，第一期，頁155－156。

註42： 《胡適來往書信選》，上冊，頁447。

註43： 《胡適來往書信選》，上冊，447～448。

註44： 大學委員會議錄，《大學院公報》，第一年，第三期（1928年3月出版），頁75-78。

註45： 《胡適的日記》，手稿本，第7冊。

註46： 《胡適的日記》，手稿本，第7冊。

註47： 《胡適的日記》，手稿本，第7冊。

註48： 《胡適的日記》，手稿本，第7冊。

註49： 《胡適來往書信選》，上冊，頁483。《胡適遺稿及祕藏書信》第一冊，目錄前為原蹟。

註50： 《胡適的日記》，手稿本，第7冊。

註51： 《胡適的日記》，手稿本，第7冊。

註52： 《胡適的日記》，手稿本，第7冊。1928年5月20日日記。

註53： 《胡適的日記》，手稿本，第7冊。1928年5月21日日記。

註54：《胡適的日記》，手稿本，第7冊。更換校長，事出突然，在處理手續上顯有不合規章處，如大學校長之任免，並未經大學委員會通過。國府於12日開會討論時，蔡元培以此事確有未合法律手續，自請處分。參閱《申報》，1928年6月15日，第十二版。

註55：《胡適的日記》，手稿本，第7冊。1928年6月14日日記。

註56：這件事還有不同的說法，據1928年8月23日高君珊致胡適函云：「前聞曙青〔高魯〕說，簽字者為陳立夫（建設委員會之祕書長王文伯之繼任者），而先生日記中寫陳果夫，不知孰是？曙青又說，葉楚傖以建設廳長被張乃燕弄掉（陳世璋是張之好友），故懷恨在心而有此舉，事後反向人宣布楊某欲做中大校長，故逐張而不及自己簽字事，後來張看見簽字，始知非杏佛先生之意，在飯桌上當許多人面前向杏佛道歉，說錯怪了他好幾天。」（《胡適來往書信選》，上冊，頁491。）

註57：《胡適的日記》，手稿本，第7冊，1928年6月15日日記。

註58：《胡適的日記》，手稿本，第7冊，1928年6月15日日記。

註59：《胡適的日記》，手稿本，第7冊，1928年6月15日日記。

註60：《胡適的日記》，手稿本，第7冊，1928年5月23日日記。

註61：〈國府會議紀要〉，《申報》，1928年6月9日，第四版。

註62：以上見《胡適的日記》，手稿本，第7冊，1928年6月15日日記。

註63：陳哲三著：《中華民國大學院之研究》（臺北，臺灣商務印書館，1976年12月初版），頁92。

註64：《胡適的日記》，手稿本，第7冊，1928年6月15日日記。

註65：《胡適的日記》，手稿本，第7冊，1928年6月21日日記。

註66：《胡適的日記》，手稿本，第7冊，1928年6月24日日記。

註67：1928年2月4日通過之「改組國民政府案」，其決議為：「國民政府仍設大學院：經委員亨頤等所提設立教育部案，留候第三次全國代表大會討論。」《革命文獻》，第七十九輯（1979年6月出版），頁80。

註68：《革命文獻》，第七十九輯，頁109-111。

註69：《大學院公報》，第一年，第九期（1928年9月出版），頁51～52。

註70：《大學院公報》，第一年，第九期，頁52-53。

註71：《胡適的日記》，手稿本，第7冊，1928年8月31日日記。

註72：《申報》，1928年8月18日。

註73：陳哲三著：《中華民國大學院之研究》，頁72、137。

註74：《胡適的日記》，手稿本，第9冊，1930年2月9日日記。

註75：胡適：《胡適講演集》，下冊，（1970年12月，胡適紀念館出版），頁492。

註76：《大學院公報》，第一年，第一期，頁158。

註77：《國立中央研究院職員錄》（1929年該院編印），頁18。

註78：1930年1月16日〈國立中央研究院呈國民政府〉第五九三號文，《國立中央研究院院務月報》，第一卷，第七期（1930年1月出版），頁117。

註79：楊翠華著：《中基會對科學的贊助》（中央研究院近代史研究所專刊（65），1991年10月出版），頁197。

註80：〈國立中央研究院理化工程研究所建築委員會第一次開會記錄〉《國立中央研究院院務月報》，第一卷，第三期（1929年9月出版），頁37。

註81：〈國民政府訓令〉第九號，《國立中央研究院院務月報》，第一卷，第七期，頁116-117。

註82：〈國立中央研究院呈國民政府〉第五九三號文，《國立中央研究院院務月報》，第一卷，第七期，頁117～118。

註83：〈國民政府訓令〉第四十一號，《國立中央研究院院務月報》，第一卷，第七期，頁119。

註84：《胡適的日記》，手稿本，第9冊，1930年2月1日日記。

註85：耿雲志：《胡適年譜》，頁284。

註86：中央研究院近代史研究所編印：《王世杰日記》，手稿本（1990年3月初版），第二冊，頁238。

註87：《王世杰日記》，手稿本，第二冊，頁240 - 241。

註88：陳春圃（陳璧君的遠房姪子）遺著：〈內戚說汪偽集團內幕〉（上），《傳記文學》，第26卷，第5期（1993年5月1日出版），頁114-115。

註89：《王世杰日記》，手稿本，第二冊，頁188。

註90：《王世杰日記》，手稿本，第二冊，頁195。

註91：《王世杰日記》，手稿本，第二冊，頁244。

註92：1940年5月21日〈翁文灝致胡適〉，《胡適來往書信選》，中冊，頁467。

註93：1940年4月21日〈陳源致胡適〉，《胡適來往書信選》，中冊，頁464-465。

註94：1940年8月14日〈傅斯年致胡適〉，《胡適來往書信選》，中冊，頁474-475。

註95：《王世杰日記》手稿本，第二冊，頁246。

註96：《胡適來往書信選》，中冊，頁476-477。

註97：陶英惠：〈王世杰日記〉，中央研究院近代史研究所編《近代中國史研究通訊》，第九期（1990年3月出版），頁97-99。

註98：《胡適的日記》，手稿本，第14冊。

註99：耿雲志：《胡適年譜》，頁287。

註100：《胡適的日記》，手稿本，第14冊。

註101：耿雲志：《胡適年譜》，頁288。

註102：《王世杰日記》，手稿本，第二冊，頁320-321。

註103：《王世杰日記》，手稿本，第二冊，頁322。

註104：《胡適來往書信選》，中冊，頁474-479。

註105：孫斌，〈朱家驊先生與中央研究院〉，《中央研究院成立五十周年紀念論文集》（1978年6月出版），頁26。

註106：據1940年11月8日《王世杰日記》（手稿本，第二冊，頁375）云：「今午晤顧孟餘。蔣先生欲其任國防最高委員會秘書長（張岳軍現

任此職，但蔣先生似擬令其赴成都主持行轅或省政）。彼不願就。
據彼語予，彼之來渝，係對汪表示反對，但其精力實不能任繁劇。」

註107：《王世杰日記》，手稿本，第七冊，頁1，1962年5月31日日記。

註108：楊樹人：〈胡適之書信一束〉（上），《中外雜誌》，第42卷，第2
　　　　期（1987年8月），頁18。

註109：《王世杰日記》，手稿本，第八冊，頁166。

註110：耿雲志：《胡適年譜》，頁208。

註111：《晨報》，1933年1月27日。引自陳漱渝、陶忻編：《中國民權保障
　　　　同盟》（以下簡稱「陳、陶編：《同盟》」，北京，中國社會科學出
　　　　版社，1979年12月第一版），頁31-32。

註112：同上，頁32-34。

註113：同上，頁95-96

註114：1933年2月4日，胡適致蔡元培、林語堂函，見《胡適來往書信
　　　　選》，中冊，頁179。

註115：陳漱渝著：《中國民權保障同盟》（以下簡稱「陳著：《同盟》，北
　　　　京出版社，1985年8月出版），頁125。

註116：同註114。

註117：1933年2月5日〈胡適致蔡元培、林語堂〉，見《胡適來往書信選》，
　　　　中冊，頁180-181。

註118：參考李光謨：〈胡適與李濟〉，收在李又寧主編：《胡適與他的朋
　　　　友》，第二集（紐約天外出版社，1991年12月印行），頁345-346。

註119：《胡適來往書信選》，中冊，頁185。

註120：同上，頁186。

註121：同上，頁187。

註122：同上，頁189-191。陳、陶編：《同盟》，頁109、陳著：《同盟》，
　　　　頁128，均作2月21日之《字林西報》，疑誤；應為22日。

註123：同上，頁192。

註124：同上，頁189。

註125：同上，頁193。

註126：〈中國民權保障同盟與國民禦侮自救會──上海公共租界工部局警
務處情報選〉，上海市檔案館編印《檔案與歷史》（季刊），1988
年，第2期，頁36。

註127：《胡適來往書信選》，中冊，頁180－181；189。

註128：《胡適的日記》，手稿本，第3冊。

註129：陳著：《同盟》，頁30。

註130：1990年12月15日，陳漱渝應邀來臺參加「胡適先生百歲誕辰紀念
演講會」時所提之論文，收在周策縱等著：《胡適與近代中國》
（臺北，時報文化出版企業有限公司，1991年5月25日初版），頁
43-65。

註131：上海《字林西報》，1933年2月22日。見《胡適來往書信選》中冊，
頁190。

註132：以英語與胡適交談的犯人，胡適說是劉質文（《胡適來往書信選》，
中冊，頁179。）陳漱渝則作劉尊棋，又在其所著《同盟》，頁52，
謂劉尊棋係與楊杏佛以英語交談。由於陳文均未加注釋，不知其所根
據的資料，無從判斷對錯。此處係依照陳最後發表之〈同途殊歸兩巨
人：胡適與魯迅〉一文為準。

註133：《胡適的日記》，手稿本，第11冊。

註134：同上。

註135：《胡適的日記》，手稿本，第9冊。

註136：陳著：《同盟》，頁136。

註137：陳、陶編：《同盟》，頁22-23。

註138：同上，頁21。

註139：同上，頁4。

註140：同上，頁7。

註141：蔡元培研究會編：《論蔡元培》，頁309-329。

註142：姜紹謨：〈隨侍蔡先生的經過及我對他的體驗〉，臺北，《傳記文

學》，第31卷，第2期〈1977年8月1日出版〉，頁20。

註143： 高平叔編：《蔡元培全集》，第五卷（北京，中華書局，1988年8月，第一版），頁177。

註144： 《胡適的日記》，手稿本，第8冊。

註145： 1929年6月10日，蔡元培致胡適函，《胡適來往書信選》，上冊，頁515。

註146： 陳著：《同盟》，頁27。

註147： 胡頌平編著：《胡適之先生年譜長編初稿》（臺北，聯經出版公司，1984年出版），第四冊，頁1124。

註148： 同上，頁1176。

註149： 《胡適的日記》，手稿本，第11冊。

註150： 同上，胡適原信未見，此處據蔡元培復函引胡適函中語。

註151： 《胡適的日記》，手稿本，第11冊。1933年6月16日日記。

註152： 同上，1933年3月21日日記，粘附蔡元培原函。

註153： 蔡元培研究會編：《論蔡元培》，頁409。

註154： 《胡適來往書信選》，中冊，頁185。

註155： 林語堂：〈記蔡子民先生〉，《臺灣新生報》，1965年4月9日。

註156： 陳著：《同盟》，頁134。

註157： 同上，頁8-9。

註158： 同上，頁9。

註159： 可參閱陳、陶編：《同盟》，頁159、177；楊小佛：〈楊杏佛與中國民權同盟〉，《歷史研究》（月刊），1978年，第12期，頁74；張文奇提供之〈中共利用宋慶齡營救牛蘭夫婦〉，《傳記文學》，第62卷，第5期（1993年5月1日出版），頁107。

註160： 陳著：《同盟》，頁134。

註161： 同上，頁128。

註162： 陳、陶編：《同盟》，頁110。

註163： 同上，頁30。

註164：《胡適的日記》，手稿本，第11冊。

註165：《申報》，1933年6月21日，第三張，第九版。

註166：《傳記文學》，第12卷，第1期，頁14。

註167：參閱徐明華：〈中央研究院與中國科學研究的制度化〉，《中央研究院近代史研究所集刊》，第22期，下冊（1993年6月），頁253。

註168：《胡適的日記》，手稿本，第12冊。

註169：陶英惠：〈胡適撰擬致蔡元培獻屋祝壽函〉，《傳記文學》，第五十八卷，第一期（1992年1月1日），頁81-86。

註170：《胡適的日記》，手稿本，第14冊。

中央研究院胡適紀念館

（一）成立經過

　　胡適（適之，1891-1962）與中央研究院有著非常深厚的感情及淵源，在中央研究院創辦時，由於他和創辦人蔡元培（孑民）院長亦師亦友，曾對有關的規劃和推進工作，提供過不少意見。1935年，當選了中央研究院評議員，更是可以直接參與院務。歷史語言研究所於1926年10月在廣州正式成立時，胡適即受聘為特約研究員。1940年3月5日蔡院長逝世後，評議會依法選舉三位院長候補人：翁文灝、朱家驊各得24票，胡適20票。由於他時任駐美大使，最高當局才未考慮圈選他。1957年8月，中央研究院第二任院長朱家驊（騮先）辭職，評議會於11月3日舉行第三次會議，票選胡適（18票）、李濟（濟之，10票）、李書華（潤章，10票）三人為第三任院長候補人。同月4日，蔣中正總統即明令發表得票最高的胡適為院長。時胡適尚寓居美

國，因為健康關係，不克立即來台，暫由李濟代理院務。直至1958年4月10日方來台接任院長。他在就職典禮致詞時說：「中央研究院是我許多朋友的心血結晶。」

1962年2月24日，胡適以心臟病發猝逝，10月15日安葬。在他葬後的第三天——10月18日，由繼任為第四任院長的王世杰（雪艇）在第三次院務會議中提出：「胡故院長住宅之處理」案，決議：「胡適之先生故居完全供作胡適紀念館之用，其詳細辦法由院長組織委員會擬訂，提出本會議議決之。」[註1]10月27日上午，王院長在院長室召開「處理胡故院長故居會議」，參加者有：王世杰、芮逸夫、陳槃、阮維周、胡頌平、王志維、凌純聲等七人，決定事項有五點：

一、 照本院10月18日院務會議決議，以胡故院長故居全部作為胡適之先生紀念館，定名為「胡適紀念館」。

右起：胡適院長、梅貽琦、王世杰，1959年攝於高雄。（摘自：武漢大學旅台校友會編《王世杰先生論著選集》）

二、故居內書籍及其他遺物適於陳列者，由本院函徵遺囑執
行人之代理人及胡夫人同意，為紀念館陳列之用。

三、設置紀念館管理委員會，委員人數暫定為五人，其人選
由院長提出院務會議通過後聘任。

四、本院因紀念館陳列需要，公告徵求遺墨遺著及生活照片
等，一併以適當之方法陳列。故居房屋保留原狀，花園
及附近量為藝術性之佈置。詳細辦法由管理委員會擬
訂，提經院長核定實施。

五、紀念館管理上必要之費用，在本院經費預算範圍內撥
給。

〔會議紀錄〕

同年12月6日，中央研究院舉行第四次院務會議，討論「擬請凌純
聲、魏嵒壽、徐高阮、胡頌平四位先生及本院總務主任（當然委員）組
織胡適紀念館管理委員會。由凌純聲先生任主任委員，魏嵒壽先生任
副主任委員。」決議：「照聘」。〔會議紀錄〕據此成立胡適紀念館管
理委員會。同年12月10日，管理委員會舉行第一次會議，紀念館宣告
正式成立，開始布置。

首先，須說明一下胡適住宅的由來。據李濟回憶云：胡適寫信
告訴他，在美國寫作要查中文書很不方便，想回台居住，以便就近利
用史語所的圖書館；由他自己出錢，向中研院借一塊地，建築一座小
房子，若干年後，就把這座房子捐給中研院。請李濟向朱家驊、毛子
水、錢思亮商量。不久，蔣中正總統知道了，認為胡適肯回來，不必

自己化錢蓋房子，政府可以給他辦。所蓋的就是現有的胡適紀念館。[註2]

1958年2月20日，中研院為胡適動工建造住宅，同年10月完工，總面積約50坪，由基泰建築師設計監造。[註3]此前中研院兩任院長均無官舍，首任院長蔡元培，賃居上海，1935年，他在北大時的師生等為之發起獻屋祝壽，傳為美談。[註4]胡適這次建造住宅的經費，係由蔣中正總統將其《蘇俄在中國》一書外文譯本的版稅中撥出新台幣48萬元，不足之數，由中研院追加20萬元預算完成的。由於其住宅是建在院內的土地上，而且中研院也付了配合款，所以以之作為紀念館是順理成章的事。

1962年10月15日，胡適安葬，後經中央研究院與台北市政府協議合作就墓園地區闢為「胡適公園」，編列預算，著手興建，於1974年2月完成，佔地2公頃有餘。墓園之管理維護事宜，仍由紀念館負責。1975年8月22日，胡夫人江冬秀女士病逝，同年9月2日，與胡適合葬。所以，紀念館之範圍，包

1962年2月24日上午，胡適院長主持中研院第五次院士會議，下午在歡迎新院士酒會時心臟病猝發，與世長辭。左為評議會秘書楊樹人。

括故居、墓園及稍後修建之陳列室三部分。

　　紀念館成立之初，凡是胡適生活起居的地方，一律保持原狀；另以住宅的遊廊（原為第二會客室）闢為陳列室，將他的中西文著作、手稿、信札、照片以及一切有紀念意義的物品，分別陳列。

　　1964年6月15日，胡江冬秀致函王院長云：

> 「我從美國帶回適之的書，現在還放在紀念館工人同廚房裡，還裝在箱子裡，我不忍讓適之的書堆置不管；我已請基泰工程公司在紀念館右首建一間陳列室。這樣可以讓適之的住房保持原樣，堆的書亦可有地方陳列。也叫適之在九泉知〔地〕下放心點。建築草圖三張、一切費用由我負擔。請先生能同意我這樣的做。」

王院長於6月17日函復云：

> 「夫人擬在胡先生紀念館添建圖書室，世杰敬表同意。所需費用，如夫人同意，世杰擬在史塔〔C. V. Starr，其中文名史帶，中研院早期文件作史塔〕捐款項內，與史語、經濟兩所及史氏商撥。夫人生活已艱苦，世杰實不敢使夫人增此負擔也。即請察允，為荷。」[註5]

　　胡適紀念館管理委員會也鑑於以住宅的遊廊作為陳列室，空間太小，決定於史帶基金內提出新台幣20萬元，在紀念館右側，添建25坪的陳列室一座。

（二）基金來源

　　1964年8月，美國美亞保險公司負責人史帶捐贈美金25,000元（折合新台幣100萬元）。王世杰院長以毛筆親書「關於胡適紀念館之提議」五項，提至1964年7月27日第二次臨時院務會議討論，全文如下：

關於胡適紀念館之組織、任務及經費，茲擬作左列之決定：
一、史塔〔史帶〕氏T. V. Starr捐贈本院之25,000美元，悉數撥交胡適紀念館管理委員會保管運用。
二、前項贈款，指定作為胡適紀念館基金，只用利息，其基金不得動用。但胡適紀念館管理委員會認為有必要時，得于不超過贈款五分一之限度內，斟酌撥款在胡適紀念館內增建一圖書室。
三、前項基金利息，得由胡適紀念館管理委員會，斟酌用于（一）胡適紀念館及胡適墓園之維持修理，及（二）在歷史語言研究所與經濟研究所各置史塔〔史帶〕氏胡適研究獎金一名（每名金額新台幣五千元至一萬元）。
四、胡適紀念館管理委員會置委員九人，除原任凌純聲、魏喦壽、徐高阮、胡頌平、王志維五委員仍繼續充任、並由原主任委員凌純聲、原副主任委員魏喦壽繼續充任正副主任委員外，增聘李先聞、楊樹人、石璋如、梁序穆四人為委員。委員或正副主任委員出缺時，由本院院長提請院務會議選聘。

五、胡適紀念館及胡適墓園諸
　　事，嗣後一概交付胡適紀
　　念館管理委員會負責主持
　　辦理，不由本院行政機構
　　負責處理。紀念館原有職
　　工三名之薪工，仍由本院
　　給付。

1965年4月21日，胡適紀念館管理委
員會舉行第22次會議時照片，左起：
張祖詒、胡頌平、凌純聲主任委員、
王志雄、魏喦壽。

經會中決議：「通過。並修正胡適紀念
館管理委員會組織章程。」王院長並補
充說明：「重組胡適紀念館管理委員會
及設置基金之目的，主要在確立事權，
便利工作之進行。此後各方面對於紀念
館、墓園等有關紀念胡適先生之事，概
由管理委員會負責、審酌處理。」[註6]這
是紀念館運作之重要依據。

　　自1967年11月份起，史帶又捐贈
陳列室的維護費美金3,000元（折合新
台幣120,000），即每月新台幣10,000
元，先行試辦一年，嗣又續辦一年，至
1969年10月為止。

　　史帶氏於1968年12月20日去世。
至1970年5月，史帶基金會又捐助美金

25,000元（折合新台幣100萬元），作為紀念館基金，規定以此基金利息70%，作為故居、陳列室、墓園的維護費；此項基金自6月份生息後，按月支用；另以利息30%作為儲備金，專供陳列室大修、翻新改造修理之用。

胡夫人病逝後，所收賻金及治喪剩餘款合計新台幣340,560元，由其哲嗣胡祖望撥贈紀念館，作為維護墓園之基金。

1993年9月8日，南山人壽保險股份有限公司（美國友邦美亞保險集團聯繫機構）副董事長郭文德代表該公司又捐贈新台幣200,000元給紀念館，作為維修費用。1994年，鑒於館中房舍年久失修，安全堪慮，乃將故居以及陳列室屋頂全部翻修，並更換老舊電線，同時將後院已損壞之倉庫改建為辦公室等，自11月動工，歷時四個月，全部工程款400餘萬元，除由中研院支助100萬元外，其餘368萬元，悉由紀念館基金支付。

（三）組織情形

1962年12月6日第四次臨時院務會議通過「中央研究院胡適紀念館管理委員會組織規程」八條，條文如下：

第一條　中央研究院依據本院 1962 年第三次院務會議決議，組設胡適紀念館管理委員會（以下簡稱管理委員會）。

第二條　管理委員會之任務如左：

一、紀念館原有及徵集所得之遺著、遺墨、藏書及

其他遺物、生活照片等之陳列與保存。

二、紀念館房屋內部、花園、及附近佈置之規劃。

三、紀念館之設施及其管理辦法之規劃與改進。

第三條　管理委員會設主任委員、副主任委員各一人，委員三人，除總務主任為當然委員外，其人選由院長就本院人員中提出經院務會議通過後聘任之。

第四條　管理委員會每月開會一次，必要時召開臨時會。

第五條　管理委員會委員為無給職。

第六條　管理委員會因管理工作需要，得任用幹事一人或二人，以由本院職員兼任為原則。

第七條　紀念館管理辦法，由管理委員會擬訂，經院長核定實施。

第八條　本規程經院長核定施行。

　　1964年7月27日第二次臨時院務會議，曾作大幅度之修正，原第二條第二、三兩款之任務，分為三款：「二、紀念館之設施與管理。三、胡適墓園之設施與管理。四、紀念館基金之保管。」第三條中「委員三人」，修正為「委員七人至九人」，原規定「總務主任為當然委員」，王志維當時即係以總務主任被聘為委員，主要的是便於支援紀念館之修繕與維護工作，這次予以刪除。第四條原定「每月開會一次」，經修正為「每兩月開會一次」。第六條原規定「得任用幹事一人或二人，以由本院職員兼任為原則。」修正為「得酌量任用職員一人至二人」。第七條修正為「關於紀念館之一切管理事項，由

管理委員會依據本院1964年第二次臨時院務會議之決議負責主持處理之。」第八條修改為「本規程經本院1964年第二次臨時院務會議訂定實施。」該項修正之組織規程及委員名單，中研院於1965年5月27日以（54）台和字第5272號函送教育部備查，教育部於同年6月22日以台（54）社字第9248號函復「應予備查」，完成了正式的手續。管理委員會依組織規程第七條訂定「胡適紀念館管理規則」十七條，內分總則、人員編組、管理要點等三大部分，以實施組織規程第二條規定之各項任務。在人員編組方面，置館主任一人及典藏展覽、徵集研究、總務三組，展開工作。

　　1968年8月19日第四次院務會議，只修改第三條條文，將委員人數，由「七人至九人」修正為「九人至十一人」；至1981年6月26日第一次院務會議時，再修正為「十一人至十五人」。又根據此前高化臣總幹事於4月7日簽註之意見：「該會既非財團法人之組織，一切房屋土地財產及用人費用均由院供應，總務主任應依王志維先生前例聘為委員，以資聯繫，並加強管理。」遂再增聘現任總務主任為當然委員。茲將歷任委員名單列表如下，供作參考。（由於總務主任更換頻繁，不一一列名。）

胡適紀念館管理委員會委員名單

職稱	姓名	簡歷	備註
主任委員	凌純聲	中研院院士、民族學研究所所長	1962年12月6日第四次院務會議通過致聘，1978年7月21日病逝台北。
副主任委員	魏嵒壽	中研院化學研究所所長	1962年12月6日第四次院務會議通過致聘，1973年6月病逝台北。

委員	徐高阮	中研院歷史語言研究所副研究員	1962年12月6日第四次院務會議通過致聘，1969年10月9日病逝台北。
委員	胡頌平	中研院幹事	1962年12月6日第四次院務會議通過致聘。已病逝台北。
委員兼館主任	王志維	中研院秘書、總務主任	1962年12月6日第四次院務會議通過以總務主任聘為當然委員，1963年7月24日管理委員會第十一次委員會議公推兼任館主任；1993年7月31日辭兼館主任；1997年3月15日病逝美國。
委員	李先聞	中研院植物研究所所長	1964年7月27日第二次臨時院務會議通過致聘，7月30日辭。1976年7月4日病逝台北。
委員	楊樹人	台灣大學教授	1964年7月27日第二次臨時院務會議通過致聘
委員	石璋如	中研院歷史語言研究所研究員	1964年7月27日第二次臨時院務會議通過致聘，2004年3月18日病逝台北。
委員	梁序穆	中研院動物研究所所長	1964年7月27日第二次臨時院務會議通過致聘（1968年時已不參加）。
委員	吳大猷	美國水牛城紐約州立大學物理系教授兼系主任、兼科學發展指導委員會主任委員、行政院國家科學委員會主任委員	1968年8月19日第四次院務會議通過致聘，2000年3月4日病逝台北。
委員	陳槃	中研院歷史語言研究所研究員	1968年8月19日第四次院務會議通過致聘，1999年2月7日病逝台北。
委員兼主任委員	高去尋	中研院歷史語言研究所研究員	968年8月19日第四次院務會議通過聘為委員、1078年7月21日主任委員凌純聲病逝後兼代主任委員、1981年10月22日第二次院務會議通過由兼代主任委員真除；1986年8月20日辭主任委員。1991年10月29日病逝台北。
委員	黃彰健	中研院歷史語言研究所研究員	1981年10月22日第二次院務會議通過致聘
委員	王聿均	中研院近代史研究所研究員	1981年10月22日第二次院務會議通過致聘

委員	文崇一	中研院民族學研究所研究員	1981年10月22日第二次院務會議通過致聘
委員	朱炎	中研院歐美研究所研究員	1981年10月22日第二次院務會議通過致聘
委員	于宗先	中研院經濟研究所研究員	1981年10月22日第二次院務會議通過致聘
委員兼主任委員	呂實強	中研院近代史研究所研究員	1986年8月25日吳大猷院長聘兼主任委員，2000年4月18日辭兼主任委員。
委員	陳雪屏	中研院評議員	1987年6月26日第一次院務會議通過致聘（此前似已為委員），1999年4月12日病逝台北。
委員兼館主任	陶英惠	中研院近代史研究所研究員	1993年8月1日吳大猷院長聘為委員兼館主任；2000年2月1日屆齡退休；9月13日辭兼館主任。
委員兼館主任	楊翠華	中研院近代史研究所研究員	2000年9月14日李遠哲院長聘為委員兼館主任。
委員兼館主任	黃克武	中研院近代史研究所研究員	2005年8月23日李遠哲院長聘為委員兼館主任。

（四）著作之整理

依照胡適於1957年6月4日在紐約所預立之遺囑第四條，其在紐約之藏書及其他文稿文件，全部贈送國立台灣大學。但他1958年就任中研院院長後，原存紐約的書籍、文稿都帶來台灣，就放在南港住宅內。他去世後，其住宅改為紀念館，並組有管理委員會負責管理，所以王世杰院長於1962年12月間，函託胡適遺囑執行人陳雪屏商承台灣大學錢思亮校長，於1963年1月9日以秘字0094號函復同意所有原在胡適故居之圖書、遺稿及其他遺物，均留置在紀念館。嗣將胡適遺囑第四條所載書籍、文稿等件的權利、所有權及利益，都轉給中研院，供紀念館陳列之用，於1963年5月8日在轉讓証明書上簽字。又照上項

遺囑第五條，胡夫人江冬秀女士為遺產受益人。胡夫人也於1963年4月16日在遺產轉移同意書上簽字。至此，胡適住宅內的一切遺著、書籍文物，盡歸「胡適紀念館」的法律手續，均已完成。

紀念館成立後，中研院又在管理委員會之外組織一業務單位「胡故院長遺著整理委員會」，聘毛子水、屈萬里、陳槃、黃彰健、嚴耕望、徐高阮、胡頌平、藍乾章等為編輯委員，於1962年11月6日舉行第一次會議（共開八次會），宣告正式成立，分別負責整理其遺著；並在該次會議中決議：「關於遺著經本會整理後出版的版稅，統歸胡夫人所有。」經報奉王世杰院長同意，於1966年12月30日開立「轉讓証明書」。至此，紀念館所有胡適遺著、遺稿之著作權，均由中研院轉讓於胡江冬秀夫人，即所有遺著版權的利益，依照遺囑仍歸胡夫人所有。中研院於1966年12月24日以（55）臺平字第12244號函內政部查照，又於同月26日以（55）臺平字第12261號函達內政部出版事業管理處。今後如發現有侵害胡適著作版權情事，胡夫人江冬秀女士在紀念館協助下，有權處理之。1975年8月22日，胡夫人病逝，所有版權的利益，即由其哲嗣胡祖望繼承之。胡祖望於1976年11月8日，書立「著作權贈與証明書」：

> 「先父胡適之所有一切著作，自先母去世後，由本人依法享有著作權繼承權利，今願將所有繼承之著作權全部贈與胡適紀念館管理委員會所有屬實。」

1985年12月30日，胡祖望又親書「授權書」：

「先父胡適之一切著作（包括胡適文選、四十自述、什麼是文學、國語文法概論、治學方法論、胡適文存、胡適論學近著等）經由本人登記為著作權人，已於民國六十五年〔1976〕十一月八日全部贈與胡適紀念館，本人授權並僅授權該館主任王志維先生就任何人侵害該著作權之行為，代理本人及胡適紀念館對該人行使一切刑事告訴及民事追訴權。王志維先生並有複委他人之權。任何人並不得就本案對王志維先生提起告訴。

　　　　　　　　　　　　　　授權人：胡祖望　印」

　　該授權書，經北美事務協調委員會駐美國辦事處於DEC 31 1985簽發（美服）74 No.8456証明確經胡祖望簽字屬實。為求慎重起見，胡祖望復於1986年2月21日重申1976年讓與之事，並恐有遺漏再讓與一切著作權。

　　儘管如此，仍發生紀念館與遠東圖書公司為著作權事纏訟了十年。

　　1953年1月12日，胡適經由梁實秋的介紹，與遠東圖書公司締訂「著作物出版權讓受契約」，將所著之《胡適文存》1～4集及《胡適論學近著》二書提供給遠東圖書公司出版，契約未定明出版年限及版數，亦未言及著作權問題；胡適又於1959年6月20日，與遠東簽訂「出版權授受契約」，將所著《胡適文選》、《四十自述》、《什麼是文學》、《國語文法概論》、《治學方法論》等五書之出版權授與遠東公司，在契約第一條載明「發行貳拾年」，著作權則與遠東共有。胡適去世後，由其夫人、再由其公子胡祖望繼承。胡祖望於1976

年11月8日，將胡適之一切著作權全部贈與紀念館；1981年9月16日，遠東圖書公司與胡祖望重簽「出版權及發行權授受契約」：明訂著作物之著作權歸胡祖望所有，出版權及發行權歸遠東圖書公司所有。根據舊著作權法，胡適過世後三十年的1992年2月25日，胡適著作就是公產，任何人只要花心力編輯、重組，都可印行〔新法規定，著作權人過世五十年才視為公產〕。因此，遠流公司經由紀念館主任王志維授權印行《胡適文選》等書時，於1986年和遠東圖書公司為著作權事打起了官司。

　　1986年3月20日，遠東公司所委任之律師武忠森以法函字第3580號函請中研院代查下列事項：「（1）胡適紀念館是否為該院組織法以內之附屬機構？（2）該館會計是否獨立？（3）該館是否依法登記之文教財團法人？（4）王志維君是否曾經銓敘之公務人員？」時筆者適奉調兼任總辦事處秘書主任，乃於4月2日請編審周天健擬復，其要點為：「二、本院胡適紀念館係經院務會議通過成立。其有關業務，由本院總辦事處予以必要之協助。三、原詢第（3）節，請逕向主管機關查詢。四、王志維君曾經銓敘合格。」所述皆係實情，而第二點係強調館與院的密切關係，或可有助於訴訟之進行；經送請管理委員會主任委員高去尋核會後，即送總幹事韓忠謨核稿。4月3日，筆者奉韓忠謨面囑必須改稿，他不同意第二點所述之事實，堅令要將院與館劃清界限，以免捲入訟案。筆者力爭無效，只得遵照其口述之意另行擬稿，原文為：

　　　「二、胡適紀念館並非本院組織法以內之附屬機構。三、該館會計與本院無關。四、該館是否依法登記之文教財團法

人？本院無案可稽。五、王志維君曾經銓敘合格。〔以下十個字係韓忠謨所親加〕曾在本院任職，業已退休。」

韓忠謨於4月4日判行，4月7日以（75）台秘字第040706號函發文。結果在初審時紀念館及遠流公司敗訴，原因之一可能為：紀念館非中研院組織內之附屬機構，不具備當事人能力及權利能力。吳大猷院長看到判決書中中研院答復之公文，至感不滿，特召筆者至院長室，詢問為何如此作復？筆者說明總幹事韓忠謨之態度如此，他是我的上司，我不能不服從；即調出原卷，將原擬及奉命改擬之兩稿呈閱。他看到確係韓忠謨未經呈閱即核判發出，筆者並無過失，且木已成舟，即使對韓有所責難，亦與事無補，遂不了了之。其後遠流公司印行《胡適的日記》（手稿本）時，吳院長特主動親為作序，代表中研院表示支持之意。1986年9月23日，呂實強繼高去尋為紀念館管理委員會主任委員時，吳院長親自到館監交，可見他對紀念館重視之一斑！

這場官司歷時十年，直到1996年1月底，高等法院才判決：「遠東圖書對《胡適文選》、《四十自述》、《什麼是文學》、《治學方法論》等書，（與胡適之子胡祖望的）共同著作權不存在。不能禁止遠流出版公司發行胡適文集。」

關於胡適之著作，在其遺囑中委請遺囑執行人毛子水、楊聯陞兩人負責整理出版；惟兩人年事日高，恐難繼續從事此項工作；而「胡故院長遺著整理委員會」之編輯委員，亦因年高等問題，久已停止活動。筆者認為個人的生命終究有限，而一個機關則可長久存續，因向吳大猷院長建議：應請毛子水、楊聯陞將整理胡適遺著之事，轉授權

給中研院，俾院方有法律依據。吳院長鑒於與遠東公司為著作權之訟案，同意照辦，於1986年10月2日分函毛、楊兩人，不久兩位均覆函同意。為紀念館解決了一大難題。

在紀念館庋藏的資料中，最受大家矚目的是胡適的日記。王志維曾多次告訴我有關胡適日記輾轉運送、保存的故事。他於1985年5月22日及11月20日兩次與我談道：1961年10月18日，胡夫人自美來台時，無意中將日記隨身帶來，及至發現時，胡適即交代王志維（時任胡適之秘書）：「不要開箱，要妥善收存；這惹麻煩的東西不該運來，應該存在美國朋友家中。」胡夫人則瞞著胡適，請王志維用手相機將日記拍攝下來，洗了一套3×5的照片，存在館內，原稿則在1964年8月下旬託交駐紐約總領事游建文帶回美國交胡夫人收存。王志維在整理館藏日記目錄時，只註明是「文件」，連「日記」二字都不敢寫，他謹守胡適生前的叮嚀：妥善收存，未公開展覽，因此飽受來自各界的批評及責難。他告訴我這段故事，主要是說明所負保管責任太重，壓力太大。我即建議他設法影印出版，這是一部非常有史料價值的日記，如能予以出版，將可提供許多中國現代史上關鍵事件的線索，解開一些謎團，必定廣受各界歡迎。王志維則仍持相當謹慎的態度，以當時的政治環境而言，萬一惹出了麻煩，的確是很嚴重的事！經多次相商，決定由我非正式的探詢吳大猷院長的意見，如果由他出面主持印行，或可減少一些不必要的阻力。我向吳院長簽報說，胡適紀念館與其他紀念館的性質不太一樣，其成立的最大意義，不應僅是陳列胡適的手稿、照片及一些紀念物品，供各階層的人士前來參觀，應該是積極編印其著作，廣為流傳，使所有不能來館參觀的人，也可讀其著

作，才是紀念一代學人應有之義。現在館中珍藏了一套胡適日記的照片，如能影印出版，將是一件非常有意義的事。吳院長頗以為然。我乃安排於1985年11月27日上午到館看胡適日記的照片。吳院長說字太小，看不清楚。我說這個容易解決，就請王志維派人到秘書組影印放大數份。吳院長則分請毛子水、陳雪屏兩位看看有沒有政治上的忌諱，並於1987年1月13日函胡祖望，徵求其同意。這套定名為《胡適的日記》（手稿本）共十八冊，由遠流公司於1990年5月4日影印出版首冊，1990年12月17日出齊，吳院長親撰序文，遠流則付給紀念館若干版稅，滾入基金，作為維修等費用。

1975年12月1日，楊聯陞將其與胡適之往來函札數十封，影印送給中研院，錢思亮院長則轉交紀念館庋藏。1996年，在館中同仁趙潤海、萬麗鵑、柯月足、徐靜華等通力合作下，又增補了一百餘封，整理後由聯經出版事業公司於1998年3月出版，定名為《論學談詩二十年：胡適楊聯陞往來書札》。

胡適與其美國女友艾迪絲‧克利福德‧韋蓮司女士（Miss Edith Clifford Williams）的深情知交，持續了五十年，她在胡適的思想發展上，曾經發生過影響力，所以世人對其往來函件，莫不感到好奇和興趣，想從中一窺這位名人感情生活的奧秘。而王志維對這批函件，也是「妥為收存」，秘而不宣。及王志維赴美定居後，同人竟不知放在何處，後在清理檔案時才又發現。1997年10月2日上午，美國普林斯頓大學東亞系周質平教授到紀念館來看這些信件。我與周教授可以說素昧平生，但知道他曾對胡適作過許多研究工作，學術素養極高；及晤談後，又藉悉他也曾對胡適與韋蓮司的關係作過長時間的探索，終

因受到材料的限制，未能突破《胡適留學日記》的範圍。他看到館藏的這批書信，真是如獲至寶。而我因館中人手不夠，未能整理，所以情商周教授代為整理，他即欣然同意。周教授除利用館藏的信件外，又參閱了北京中國社會科學院近代史研究所庋藏的胡適檔案中韋蓮司的函件，先後完成了兩本書：一為《胡適與韋蓮司：深情五十年》，一為《不思量自難忘：胡適給韋蓮司的信》，均由台北聯經出版公司分於1998年6月及1999年12月出版。周教授下筆謹嚴，文字素養極高，深獲學界之肯定，而我為揭開胡適這段秘辛，也深慶「找對了人」。

紀念館中尚藏有許多胡適與雷震的來往函札，經萬麗鵑編註、潘光哲校閱，定名為《萬山不許一溪奔——胡適雷震來往書信選集》，於2001年由近代史研究所出版。

以上諸書，均係根據紀念館所珍藏的資料，編好後再由其他單位印行；至於紀念館自行編印的胡適著述，茲列表如下：

書名	出版時間	備註
胡適手稿（全十集）	1966-1970年	
神會和尚遺集	1969-1982年	
史達林策略下的中國	1967-1974年	
胡適的一個夢想	1966-1974年	
中國中古思想小史（胡適手稿本）	1969年	
白話文學史	1969-1974年	
學為人詩	1969-1970年	
胡適演講集　上中下	1970年初版	1978年修訂版
嘗試集　嘗試後集　詩選	1971-1979年	1978年修訂版
中國中古思想史長編	1971年	
齊白石年譜	1972年	

短篇小說	1972年	
中國抗戰也是要保衛一種文化方式	1972年	
丁文江的傳記	1973年	此前有1956、1960年版本
中國新文學運動小史	1974年	此前有1958年版本
乾隆甲戌脂硯齋重評石頭記	1975年三版	此前有1961、1962年版本
師門五年記	1976年	

　　關於胡適遺作及各種資料之整理、編印工作，紀念館成立之初，在管理委員會下所設之「胡故院長遺著整理委員會」，以後由於各委員年事日高，或老成凋謝，此項工作遂無形中停頓，誠屬可惜。我將此意面報吳院長，他說：「整理胡先生的檔案，既沒有人，也沒有錢，如何進行？」我於是向近史所張玉法所長求救，可否從五年計畫尚未進用的名額中彈性撥出兩個，協助紀念館整理資料？此於所方並無損失，而且名額不夠還可向院方爭取。緣當時五年計畫實施未久，各所員額相當寬鬆。張所長慨允支持。如此一來，人和錢的問題都可獲得解決。及呂實強接任主任委員後，他也認為此項工作不宜任其長期陷於停頓狀態，乃積極籌思進行，在1987年2月19日所主持之紀念館管理委員會第六十九次會議中提出討論，決議增聘研究人員，從事資料之整理、編纂與研究工作。本案經提1987年5月23日所舉行之第十三屆評議會第一次會議討論後，再由呂實強簽報吳院長，吳院長於1988年9月8日批示：

　　「由七十八年度預算員額新增研究人員五十名（歸入學術審議科目）中分別撥給史語所及近史所各一個員額，而佔該二

　　員額之所聘人員，指定在胡適紀念館工作，受該館管理委員
　　會主任委員指導監督。」

根據此項批示，近史所進用之萬麗鵑、史語所進用之趙潤海，分於
1989年10月及1990年1月到館工作。這時，紀念館才有了專任編撰
人員。

（五）紀念館的轉型──改隸近代史研究所

　　紀念館自1962年成立以來，既未正式納入中研院編制，亦未建
立財團法人，僅賴外人捐贈之少數基金利息與中研院支助維持。由於
物價逐漸增高，利息不斷降低，中研院之支助款項，又不能列入正式
預算，困難遂日益增加。在吳院長之大力支持下，雖多方設法謀求解
決之道，終因礙於法令規定，未能籌得良策。1985年7月11日第二次
院務會議時，即將「胡適紀念館如何編列預算，請討論案。」排入議
程，決議：「應納入本院預算。」當時吳院長的裁決為：編列，不必
討論。」雖有吳院長的強烈支持，仍未能編列。1987年2月19日，紀
念館管理委員會舉行第六十九次會議，吳大猷院長以委員身份出席會
議，曾就紀念館的制度化有所指示云：

　　「紀念館基金有限，利息收入微薄，實無法維持其正常業
　　務。……惟以紀念館名義無法列入正式預算，為經久之計，
　　必須使其制度化。現可考慮之方式：

1・由院長提請評議會通過，報府核准，成立機構，為中研院一個正式單位。

2・由本院有關單位或史語所或近史所實際隸屬，所有預算即由該所編列。」

經與會委員詳加討論後，將上述兩種方式，報請院長核提1987年5月23日第十三屆評議會第一次會議討論。評議會決議：

「第（1）方式，牽涉到本院組織法，須經立法程序，目前不宜考慮。故決採第（2）方式，即：紀念館的人事、修繕、維護等費，仍由本院總務組負責；學術研究及胡適先生著述整理工作，將由史語所、近史所擬出工作計畫，特聘研究人員，由本院申請編制名額，分在該兩所工作。詳細辦法由院長與史語所、近史所及胡適紀念館管理委員會會商之。」

其中「特聘研究人員」，於1988年9月獲得解決（見上節），惟在制度上仍未定位。1994年7月舉行第二十一次院士會議時，李遠哲甫接任院長半年，各方對他期望甚高，而我再度奉調至總辦事處兼任秘書主任，由於工作上的便利，特再委請人文組院士代提一案，冀能有所促成。原案為：

「建議院方將胡適紀念館在制度上給予定位。有兩種可能方式，一是單獨編制，二是附屬在歷史語言研究所或近代史研

究所之下。」

經李院長說明：「接受建議，院方將設法處理。」一拖又是三年多。直到1997年10月，才奉到院方指示：「先由紀念館管理委員會根據院士會議決議案提出具體可行之辦法，再報院採擇實行。」管理委員會於1997年11月4日舉行第七十一次會議，就紀念館定位問題詳加討論後，決議：

「①建議李院長於本院組織法修法時，將本館納入編制。
　②在納入本院正式編制之前，建議暫時將本館隸屬於近代史研究所，並保留紀念館原來名義及體制。」

將上項決議報院後，嗣經楊國樞副院長於1997年11月11日，邀請近史所呂芳上所長及總辦事處各有關單位主管舉行「胡適紀念館在制度上定位問題」協調會，獲致四項結論：

「(1)關於本院組織法修法時將本館納入編制此一方案，因組織法修法業已報院務會議討論大致定案，胡適紀念館並未單獨編制，故不予考慮。擬採第二方案，將胡適紀念館隸屬於近史所。

(2)仍保留紀念館原來名義，惟原『管理委員會』建議改為『指導委員會』。

(3)現有兩位研究人員仍歸屬於近史所及史語所。另行政人

員及工友之歸建在不影響胡適紀念館之運作及近史所財
　　　務負擔下，逐步辦理。

　　(4)有關該館財產及基金歸屬問題，俟該館歸併於近史所後
　　　再予處理。」

近史所於1997年11月27日舉行八十六學年度第二次所務會議，就協調
會之四項結論討論後，決議：「通過納入本所編制。」再經提報1997
年12月18日第六次院務會議討論，決議：「通過」。1998年1月19
日，管理委員會主任委員呂實強代表紀念館與近史所呂芳上所長舉行
交接儀式。至是，紀念館在制度上定位問題，暫時獲得解決。

　　2000年9月14日，李遠哲院長聘中研院近代史研究所研究員楊翠
華兼館主任，即積極展開規劃，其重要措施有：①改善陳列室空調、
光源設備，規劃展覽主題，於2001年12月17日胡適110歲誕辰紀念日
重新開放，換展以常設展為主，首先推出「胡適與雷震特展」。②館
藏檔案數位化典藏與應用工作，其重點有二：其一，將已出版的《胡
適日記·手稿本》重新校正編排，轉製Web流通的數位檔。其二，
將以往初編的「美國檔」、「南港檔」等資料與目錄約七千餘件，重
新清點，經掃瞄、查驗，確立共通的檔案目錄格式，並建置胡適檔案
MetaData資料庫。均在2002年底陸續開放。並將繼續整建未編目的
檔案資料；規劃相片、影音檔案的數位化典藏，策劃觸控式多媒體展
示，以及定期更新紀念館網頁。③與近代史研究所合辦有關胡適之學
術研討會，並推展與績溪上庄胡適故居以及各相關學術單位之交流。
④加強管理大陸出版胡適著作的版權，藉以監督其編印品質。

（六）結語

胡適一生，最重視保存資料，其有關檔案，除早期留在大陸上的檔卷現存北京中國社會科學院近代史研究所外，晚年來台後之檔案，全都集中在胡適紀念館內，留在美國的部份檔案，也由紀念館陸續要了回來。他的檔案，在歷經許多波折後，最終分別由兩岸的近代史研究所庋藏，也算是一個巧合。

就長遠目標言，紀念館應於中研院組織法將來修法時，列為全院的一個正式編制單位。也許以胡適個人的名義為紀念館，容或見仁見智，不易獲得各界一致的認同；但就一個研究近代史者來說，保存胡適紀念館，不是僅為紀念胡適，最重要的是要為永存的社會保留一份有價值的文化資產，這批珍貴的文獻，將可提供後人一些難得的研究材料。

附記

筆者於1981年9月以近代史研究所研究員的身份奉調總辦事處兼任秘書主任，與時任胡適紀念館主任之王志維對門而居，他在胡適身邊工作甚久，1947、1948年在北平時，即經常為借書事與胡適有所往還，在南港，胡適把自己的保險箱也交其保管。所以，王志維對紀念館各種資料之來龍去脈，知之甚詳；他曾於1986年4月4日及23日兩度與我談起，年事日高，萬一有個病痛，館中各種資料之原委，將無人了解，所以要隨時就其所知告訴我，大有為這些珍貴資料「託孤」的

味道，令我深受感動。兩人經常就紀念館之各種問題交換意見，我因為職務上的關係，也得以從旁協助解決，故對館中之事，有較多的了解。及1993年7月31日王志維辭職赴美定居，我奉吳大猷院長聘為紀念館委員並兼館主任，由間接參與變成了直接負責館務。2000年2月1日屆齡退休，直至同年9月13日始交卸館主任兼職，前後長達七年之久。故本文所述，有些是親身的經歷。

2003/01/24脫稿　2007/06/05修訂

本文張貼在中央研究院胡適紀念館網頁上。在撰寫期間，承呂前主任委員實強、張院士玉法惠示卓見，楊翠華、柯月足小姐提供資料，改正錯誤，謹此一併誌謝。

【注釋】

註1：1962年10月18日，中央研究院第三次院務會議紀錄。（以下所引有關會議紀錄，皆分存中央研究院總辦事處秘書組或胡適紀念館，不再一一加註，藉省篇幅。）

註2：李濟，〈胡先生對中央研究院的貢獻與影響〉，《傳記文學》，28:5，PP.30-31，1976年5月。

註3：胡頌平，《胡適之先生年譜長編初稿》，台北，聯經出版公司，1984年。第七冊，PP.2739,2637

註4：陶英惠，〈胡適撰擬致蔡元培獻屋祝壽函〉，《傳記文學》，58:1，PP.81-86，1991年1月。

註5：往返原件，現存胡適紀念館。

註6：王世杰院長毛筆原件，現存胡適紀念館。

註7：黃國鐘編著《胡適著作與世紀之爭》，台北市，海國法律事務所，1987年3月10初版。對全案始末有詳細的記載。

世紀映像叢書

世紀映像叢書

國家圖書館出版品預行編目

典型在夙昔：追懷中央研究院六位已故院長 / 陶英惠著.
-- 一版. -- 臺北市：秀威資訊科技, 2007.10-
冊； 公分. -- (史地傳記；PC0031-)
ISBN 978-986-6732-23-2 (上冊：平裝)

1.蔡元培 2.朱家驊 3.胡適 4.傳記

783.31   96019759

 史地傳記 PC0031

典型在夙昔—追懷中央研究院六位已故院長(上)

作　　者 / 陶英惠
主　　編 / 蔡登山
發 行 人 / 宋政坤
執行編輯 / 賴敬暉
圖文排版 / 陳湘陵
封面設計 / 莊芯媚
數位轉譯 / 徐真玉、沈裕閔
圖書銷售 / 林怡君
法律顧問 / 毛國樑　律師
出版印製 / 秀威資訊科技股份有限公司
　　　　　台北市內湖區瑞光路583巷25號1樓
　　　　　電話：02-2657-9211　傳真：02-2657-9106
　　　　　E-mail：service@showwe.com.tw
經 銷 商 / 紅螞蟻圖書有限公司
　　　　　台北市內湖區舊宗路二段121巷28、32號4樓
　　　　　電話：02-2795-3656　傳真：02-2795-4100
　　　　　http://www.e-redant.com

2007 年 11 月　BOD 二版
定價：340 元

讀 者 回 函 卡

感謝您購買本書，為提升服務品質，煩請填寫以下問卷，收到您的寶貴意見後，我們會仔細收藏記錄並回贈紀念品，謝謝！

1. 您購買的書名：＿＿＿＿＿＿＿＿＿＿＿＿＿＿＿＿

2. 您從何得知本書的消息？

　　□網路書店　□部落格　□資料庫搜尋　□書訊　□電子報　□書店

　　□平面媒體　□ 朋友推薦　□網站推薦　□其他＿＿＿＿＿

3. 您對本書的評價：(請填代號　1.非常滿意 2.滿意 3.尚可 4.再改進)

　　封面設計＿＿　版面編排＿＿　內容＿＿　文/譯筆＿＿　價格＿＿

4. 讀完書後您覺得：

　　□很有收獲　□有收獲　□收獲不多　□沒收獲

5. 您會推薦本書給朋友嗎？

　　□會　□不會，為什麼？＿＿＿＿＿＿＿＿＿＿＿＿＿＿＿

6. 其他寶貴的意見：＿＿＿＿＿＿＿＿＿＿＿＿＿＿＿＿

＿＿＿＿＿＿＿＿＿＿＿＿＿＿＿＿＿＿＿＿＿＿＿＿＿＿＿

＿＿＿＿＿＿＿＿＿＿＿＿＿＿＿＿＿＿＿＿＿＿＿＿＿＿＿

＿＿＿＿＿＿＿＿＿＿＿＿＿＿＿＿＿＿＿＿＿＿＿＿＿＿＿

讀者基本資料

姓名：＿＿＿＿＿＿＿＿＿　年齡：＿＿＿　性別：□女 □男

聯絡電話：＿＿＿＿＿＿＿　E-mail：＿＿＿＿＿＿＿＿

地址：＿＿＿＿＿＿＿＿＿＿＿＿＿＿＿＿＿＿＿＿＿＿

學歷：□高中(含)以下　□高中　□專科學校　□大學

　　　□研究所(含)以上 □其他＿＿＿＿＿＿＿

職業：□製造業 □金融業 □資訊業 □軍警 □傳播業 □自由業

　　　□服務業 □公務員 □教職　□學生 □其他＿＿＿＿＿

(請沿線對摺寄回,謝謝!)

秀威與 BOD

BOD（Books On Demand）是數位出版的大趨勢，秀威資訊率先運用 POD 數位印刷設備來生產書籍，並提供作者全程數位出版服務，致使書籍產銷零庫存，知識傳承不絕版，目前已開闢以下書系：

一、BOD 學術著作—專業論述的閱讀延伸
二、BOD 個人著作—分享生命的心路歷程
三、BOD 旅遊著作—個人深度旅遊文學創作
四、BOD 大陸學者—大陸專業學者學術出版
五、POD 獨家經銷—數位產製的代發行書籍

BOD 秀威網路書店：www.showwe.com.tw
政府出版品網路書店：www.govbooks.com.tw

永不絕版的故事・自己寫・永不休止的音符・自己唱